大和の古代文化

奈良県立万葉文化館 編

新典社

目　次

リレー講座 ―― 大和の古代文化 ――

本書は、平成二十八年度に実施した「万葉文化館開館十五周年記念リレー講座―大和の古代文化―」および「万葉文化館サミット―万葉古代学が目指すもの―」に基づくものであり、肩書などはすべて当時のものです。

（奈良県立万葉文化館）

リレー講座 ―― 大和の古代文化 ――

（平成二十八年四月二十四日（日）～十二月十七日（土）／於奈良県立万葉文化館）

万葉人の自然認識と表現

寺川眞知夫

はじめに

本日は、万葉人は自然をどのように認識し、表現していたかを二、三の例をあげてみてみたいと思います。自然の事物、その認識、表現、いずれも多様ですからどこを捉えたらよいのか難しい問題です。ここでは今までに言及したこともある露や霞、吉野にかかわる歌の一部を取り上げて、題とした問題を考えてみたいと思います。したがって、これらにかかわる歌で『万葉集』の自然認識の仕方や表現方法のすべてを理解出来るわけでも創見でもありません。ただ、ここにふれる二つの物、土地にかかわる認識、表現は三者三様なので、それなりに、異なる面をみることはできようかと思います。

『古事記』の神生み神話には、

既に国を生み竟へて、更に神を生みき。故、生める神の名は、大事忍男神。次に石土毘古神を生み、次に石巣比売神を生み、次に大戸日別神を生み、次に天之吹男神を生み、次に大屋毘古神を生み、次に風木津別之忍男神を生み、次に海の神、名は大綿津見神を生み、次に水戸神、名は速秋津日子神、次に妹速秋津比売神を生みき。

此の速秋津日子、速秋津比売の二はしらの神、河海に因りて持ち別けて、生める神の名は、沫那芸神、次に沫那美神、次に頬那芸神、次に頬那美神、次に天之水分神、次に国之水分神、次に天之久比奢母智神、次に国之久比奢母智神。沫那芸神より国之久比奢母智神まで、并せて八神。

次に風の神、名は志那都比古神を生み、次に木の神、名は久久能智神を生み、次に山の神、名は大山津見神を生み、次に野の神、名は鹿屋野比売神を生みき。亦の名は野椎神と謂ふ。志那都比古神より野椎まで、并せて四神。

此の大山津見神、野椎神の二はしらの神、山野に因りて持ち別けて、生める神の名は、天之狭土神、次に国之狭土神、次に天之狭霧神、次に国之狭霧神、次に天之闇戸神、次に国之闇戸神、次に大戸惑子神、次に大戸惑女神。天之狭土神より大戸惑女神まで、并せて八神。

と、岩・土・砂・山・野・海・河口・波・木・草・風・霧などの神をあげています。『万葉集』所収歌の多くが詠まれ始めた時代に編纂の始まった『古事記』は、日本人がこのように自然物に神が宿ると考えていたことを教えてくれます。

また、「神武紀」の東征の条では顕斎の時のことをとりあげ、

時に道臣命に勅すらく、「今高皇産霊尊を以て、朕親ら顕斎を作さむ。汝を用て斎主として、授くるに厳媛の号を以てせむ。其の置ける埴瓮を名けて、厳瓮とす。また火の名をば厳香来雷とす。水の名をば厳罔象女とす。粮の名をば厳稲魂女とす。薪の名をば厳山雷とす。草の名をば厳野椎とす」とのたまふ。　(神武紀東征条)

と描いています。ここでは祭具としての器や草木を神の名で呼んでいます。アニミズムの時代のことであり、自然だけでなく、すべての事物に神が宿ると信じられていたとしていても不思議ではありません。ただ「神武紀」の例からしますと、自然等の事物が神の名によって自覚的に認識され、用いられるのは、神事においてであったことも語っています。万葉人も神事や儀式においてはこうした観念・信仰を通して自然をみることはあったかとみられますが、歌には

そうした観念はあまり反映されていないようにみえます。おそらく、日常生活においては常にこのような自覚・意識をもつということはなかったのでしょう。もっとも、一例ながら明日香に大雪の降ったとき、天武の誘いの歌に応えて、藤原夫人が和えた歌には、

わが岡の　龗に言ひて　落らしめし　雪の摧けし　其処に散りけむ　（二―一〇四）

と『古事記』が水の神とする「淤迦美」が龗の文字を用いて詠まれています。しかし、常に、雪にかかわって水の神を思い浮かべ神名によって自然を認識していたわけではないでしょう。万葉人も歌の詠作にあたっては、文学を意識していたでしょうし、日常においては生産を含む生活を意識して、我々と変わらない認識でもって自然をみ、表現したといってよいのであろうと思います。しかし、そうとばかりいえないところもあるようにも思われますので、先に挙げたような事物とりあげ、愚考をめぐらせてみたいと思います。

一　霞の表現

次に、霞についてみたいと思います。『新字源』を見ましても、漢字としての元の意味は「赤みを帯びた水蒸気の意を表わす」とし、意味として①「あさやけ。ゆうやけ」、②「はるか、とおい」をあげ、国語としての意味として「かすみ」とし、「特に春さき、細かい水滴が空中

に浮遊するために空がぼんやりとする現象」と説明しています。このように日本語、霞《かすみ》は漢語の意味とは違った意味でもちいられ、成長してきているといえます。霞が赤色を帯びた気、すなわち朝焼けや夕焼けを意味する語であることは、記憶に誤りがなければ、『懐風藻』の表現に関連して小島憲之氏がしばしば説かれていたところですが、『文選』の注には、確かに、

霞は、日辺の赤気なり。（『文選』巻第三）

陵陽子、明経に曰はく、「春に朝霞を食す。朝霞は、日、始めて出す赤気なり」と。（『文選』巻第十二）

などとみえています。では、『万葉集』の霞は何れの意味で用いられているのでしょうか。後者の例は朝霞を春に食うとしますが、『文選』では霞を特に春と結びつけるわけではありません。ところが、『万葉集』の「霞」の使用例は如何かとみますと、霞を春と結びつけているようにみえます。ここにその用例（長歌は当該部分）をあげてみますと、

霞立つ　長き春日の　暮れにける　わづきも知らず　云々（一―五）

天降りつく　天の芳來山　霞立つ　春に至れば　松風に　池波立ちて　云々（三―二五七）

情ぐく　思ほゆるかも　春霞　棚びく時に　言の通へば（四―七八九）

大伴家持の坂上大嬢に贈る歌一首
春霞　たなびく山の　隔れれば　妹に逢はずて　月そ經にける　（八―一四六四）
右、久邇の京従り寧樂の宅に贈る
水江の浦島の子を詠む一首　短歌を并せたり
春の日の　霞める時に　墨吉の　岸に出でゐて　釣船の　とをらふ見れば　古の　事そ思ほゆる　水江の　浦島の子が　云々　（九―一七四〇）
大神大夫長門守に任けられし時三輪河辺に集ひて宴する歌二首
後れ居て　われはや戀ひむ　春霞　たなびく山を　君が越えいなば　（九―一七七一）
春雜歌
ひさかたの　天の香具山　このゆふべ　霞たなびく　春立つらしも　（一〇―一八一二）
巻向の　檜原に立てる　春霞　おぼにし思はば　なづみ來めやも　（一〇―一八一三）
古の　人の植ゑけむ　杉が枝に　霞たなびく　春は來ぬらし　（一〇―一八一四）
右は、柿本朝臣人麿の歌集に出づ
鳥を詠む
春霞　流るるなへに　青柳の　枝くひ持ちて　鶯鳴くも　（一〇―一八二一）

霞を詠む

昨日こそ　年は極てしか　春霞　春日の山に　はや立ちにけり　（一〇―一八四三）

など、春という季節と結びつけられ、春霞なる言葉も成立しています。そうして、

大伴宿禰駿河麿、同じ坂上家の二嬢を娉ふ歌一首

春霞　春日の里の　植子水葱　苗なりといひし　枝はさしにけむ　（三―四〇七）

大伴宿禰村上の梅の歌二首

霞立つ　春日の里の　梅の花　山の下風に　散りこすなゆめ　（八―一四三七）

大伴宿禰駿河麿の歌一首

霞立つ　春日の里の　梅の花　はなに問はむと　わが思はなくに　（八―一四三八）

など「春霞　春日の里」「霞立つ　春日の里」といった表現まで生み出しています。日本の場合、霞は春と結びつき、中国語の赤気という意味で無ければ通用しない例はありません。この霞に続く言葉についてみますと、

同じ坂上大嬢、家持に贈る歌一首

春日山　霞棚びき　情ぐく　照れる月夜に　獨りかも寝む　（四―七三五）

また家持、藤原朝臣久須麿に贈る歌二首

情ぐく　思ほゆるかも　春霞　棚びく時に　言の通へば　（四—七八九）

中臣朝臣武良自の歌一首

時は今は　春になりぬと　み雪降る　遠き山邊に　霞棚引く　（八—一四三九）

大伴宿禰坂上郎女の歌一首

情ぐき　ものにそありける　春霞　たなびく時に　戀の繁きは　（八—一四五〇）

春雑歌

ひさかたの　天の香具山　このゆふべ　霞たなびく　春立つらしも　（一〇—一八一二）
古の　人の植ゑけむ　杉が枝に　霞たなびく　春は來ぬらし　（一〇—一八一四）
子らが手を　巻向山に　春されば　木の葉しのぎて　霞たなびく　（一〇—一八一五）
玉かぎる　夕さり来れば　獵人の　弓月が嶽に　霞たなびく　（一〇—一八一六）
今朝行きて　明日は来なむと　言ひし子が　朝妻山に　霞たなびく　（一〇—一八一七）
子らが名に　懸けの宜しき　朝妻の　片山岸に　霞たなびく　（一〇—一八一八）

右は、柿本朝臣人麿の歌集に出づ

というように「たなびく」になります。これも中国文学と結びつくわけではありません。かすみは、中国の赤い気を表す「霞」なる文字を用いながらも、日本の風土の中にみえる春になると山にたなびく、「細かい水滴が空中に浮遊するために空がぼんやりとする現象」としての「かすみ」を取り上げて詠んだものであったといえます。

その意味ではかすみは日本の風土そのものに深く結びついた自然の景物で、春の到来を告げるものとしての意味を与えていたようにみえます。つまり、中国語としての霞の意味ではなく、日本の春の自然現象としての「かすみ」を表現する語としてもちい、「春霞」、「霞たなびく」などの表現を定着しているようにみえます。『万葉集』の霞についていえば、中国文学の影響を受けず、日本の自然のままを描いたといえます。もっとも、のんびりした感情を誘うだけでなく、「情ぐく」と結びつけ、霞のぼんやりした感じを「心のはれやかでない」ことと重ねている歌もありますから、霞がたなびくことを春の到来として喜ぶ歌ばかりではありませんが、そのことを含めて霞のたなびく情景を、春の到来の代表的な自然現象の一つとしてとらえ、歌に詠み込んだといえるのではないでしょうか。

もっとも聖武朝には春日の山に霞のたなびくとき、春日野で打毬を楽しんでいて、雷鳴の陣を敷けず、処罰を受けた王子等、また諸臣子等もいた（六―九四八）ようですが。

二　露の表現

(1) 露の表現について

まず自然現象のなかで文学と深く結びついた物としての「露」についてみたいと思います。『万葉集』の露の表現は多様ですが、露については、

①衣を濡らす露

誰そ彼と　我をな問ひそ　九月の　露に沾れつつ　君待つ吾を　（一〇―二二四〇）

右は、柿本朝臣人麻呂之歌集に出づ

②季節を告げる露（黄葉を散らす露）

花を詠む

白露の　置かまく惜しみ　秋萩を　折りのみ折りて　置きや枯らさむ　（一〇―二〇九九）

③美しい露

露を詠む

秋萩に　置ける白露　朝な朝な　珠としそ見る　置ける白露　（一〇―二一六八）

④はかない露

弓削皇子の御歌一首

秋萩の　上に置きたる　白露の　消かも死なまし　戀ひつつあらずは　（八―一六〇八）

といった四つの表現に注目したいと思います。これらは以後も日本文学になじみの深い露の表現といえるかもしれません。

露につきましては、以前に「万葉集の露―人麻呂の表現とその背景―」と題して『美夫君志』（第四十六号　平成五年三月）に、また「万葉人の自然観」と題して、『ポトナム』（第一〇七六号〈第九二巻十二号　平成二十七年十二月〉）に載せて頂いたことがあります。ここでも同じ歌を取り扱うことになりますので、話の重なる部分のあることをお許しいただきたいと思います。

（2）白玉に見立てられる露

これらのうち③の美しい露は白玉に見立てて表現されます。『古今集』以後にも見える表現ですが、『万葉集』には、

湯原王の娘子に贈る歌一首

玉に貫き　消たず賜らむ　秋萩の　末わわら葉に　置ける白露　（八―一六一八）

大伴家持の白露の歌一首

吾が屋戸の　尾花が上の　白露を　消たずて玉に　貫くものにもが　（八―一五七二）

大伴宿禰家持の秋の歌三首

さ男鹿の　朝立つ野邊の　秋萩に　珠と見るまで　置ける白露　（八―一五九八）

右のものは、天平十五年癸未秋八月に、物色を見て作れるなり。

といった歌がみえます。露の表現の一つ白露は、中国では、二十四節気の一つとして、季節の移り目を示す自然現象としています。

孟秋の月（中略）、涼風至り、白露降る。（『礼記』月令）

周書時訓曰はく、立秋の日、涼風至り、後五日を経て、白露降る。（『芸文類聚』）

などがそれです。日を特定した表現ではありませんが、『万葉集』にも、

このころの　秋風寒し　萩の花　散らす白露　置きにけらしも　（一〇―二一七五）

などは、それを意識した歌とみられます。いうまでもなく、「白露」のころ、露は霜に変わり、寒さが厳しくなるとしますから、「白露」は季節の移り目を表す指標となります。ところが、日本では指標としての認識だけでなく、これを超えて、先にみたように、植物の葉に置く白露に珠に重なる美を見いだし、白珠に見立て、こちらに重点をおいて文学の表現として定着するわけです。このようにいうのは、こうした綾ある表現への飛躍は日本人が独自になしえたのではなく、中国文学の影響、とくに白玉は江文通「別賦」の影響とみられるからです。ここには、

至れば乃ち、秋露珠の如く、秋月珪の如し。〈陸雲の芙蓉詩に曰はく、盈盈たる荷上の露、灼灼たること明珠の如し。〉

（『文選』巻第一六志下哀傷）

とあります。こうした表現に学び、白玉に見立てられる露のイメージを形成しえたのではないかと思われます。美しい白露と蟋蟀とを取り合わせた

湯原王の蟋蟀の歌一首

夕月夜　心もしのに　白露の　置くこの庭に　蟋蟀鳴くも

（八―一五五二）

なども、晋の陸機の「蟋蟀堂に在りて露階に盈つ」（「楽府燕歌行」『玉台新詠』巻九）の影響を受けた可能性が指摘されています（『岩波文庫　万葉集』〈二〉）。これらを含めて白露は季節の指標としての自然物から、白玉に見立てられる美しさを帯びる物として認識され、歌に読み込まれるようになったのであり、ここに中国文学の影響があったことが知られます。自然の何に、如何なる目を向けるか、それを如何に新しくて巧みな言葉によって表現するか、万葉歌人たちもそうしたことに心を砕きながら歌を詠んでいたのであり、その目の向け方、捉え方、表現の仕方を中国文学に学んで獲得していたことが知られます。素朴と評される万葉の歌もただ思いついたままに適当に表現していたわけではないことは確かです。そうして日本人に大きな影響を与えた作品の一つに『文選』のあることはよく知られるところです。『文選』はもとより、万

葉歌人たちだけでなく、『古今和歌集』の歌人たちもまた、学んでいたといえます。『養老令』には、

秀才進士条。凡そ秀才は、博学高才の者を取れ。明経は学二経以上通せらむ者を取れ。明法には律令通達せらむ者を取れ。進士には明らかに時務を閑ひ并に文選・爾雅を読めらむ者を取れ。皆、須からく方正、清循にして、名行相ひ副ふべし。（選叙令二十九）

進士条。凡進士は、試みむこと時務の策二条。帖して読まむ所は、文選の上袟に七帖。爾雅に三帖。其の策の文詞、順ひ序でて、義理慥に当れらむ、并せて帖過せらば、通せりと為よ。事の義滞れること有り。詞句倫あらず、及び帖過さずは、不と為よ。帖策全く通せらば、甲と為よ。策二通し、帖六以上過せらば、乙と為よ。以外は皆、不第と為よ。（考課令七十二）

とあるからです。とはいえ、ここでわかるのは、『文選』の学習に求められているのは、歌を詠むための詩ではなく「策」の作成に役立つ、上袟の学習であったようですが、これを超えて詩を学ぶ者もあったとみることはできるでしょう。また、『古今集』になると、六朝詩の他に新たに唐詩、ことに『白氏文集』が受容されています。露の歌には、

蓮の露を見て、よめる　僧正遍昭

はちす葉のにごりに染まぬ心もてなにかはつゆを珠とあざむく　（一六五）

是貞親王家の歌合に、よめる　　敏行朝臣

白露の色はひとつをいかにして秋の木のはをちぢに染む覧　（二五七）

などがあり、前者は先に見た陸雲の芙蓉詩の表現を利用しています。後者も白露を詠みながら、その着想あるいは発想においては新しく巧みですが、後者は『万葉集』の時代の、

秋されば　置く白露に　わが門の　浅茅が末葉　色づきにけり　（一〇―二一八六）

九月の　白露負ひて　あしひきの　山のもみたむ　見まくしも良し　（一〇―二二〇〇）

などを承けた歌であったことも確かでしょう。

ついでに触れますと、遍昭の歌の「にごりに染まぬ心」なる表現は、『法華経』涌出品の「不染世間法　如蓮華在水」（『妙法華経』「従地踊出品第十五」〈『大正新修大蔵経』第九巻四二頁上〉）に典拠を求める注釈（『新日本古典文学大系　古今和歌集』）もありますが、ここには「にごり」に相当する表現はみえません。また、『御製妙法蓮華経』序」には「如蓮華出水不染淤泥」（『妙法華経』〈『大正新修大蔵経』第九巻一頁中〉）とありますが、この序も「永楽十八（一四二〇）年四月十七日」としますから、もとより典拠とはいえません。この序が典拠としたとみられる周敦頤（一〇一七―一〇七三年）の「愛蓮説」（「予独愛蓮之出淤泥而不染　濯清漣而不妖」）も、『古

今集』の遍昭の歌より一世紀遅くなります。遍昭の歌より早くこの類の表現をなしたものとしては、「司戎議一首」（唐道宣編『広弘明集』（六六四年）「僧行篇第五之三」〈『大正新修大蔵経』第五二巻二八七頁上〉）にみえる「亦喩蓮華不染泥滓」があります。おそらくはこうしたものによったとするのがよいかと思われます。

(3) 衣を濡（霑）らす露

露について、今一つ取り上げてみたいのは、①です。『万葉集』で露を最初に取り上げた歌は、①の衣を濡らす露を詠んだ歌です。次の歌は露という語は含んでいませんが、「山のしづく」は露をいうとみられます。すると、露の一つの特徴、衣を濡らすことを取り上げて、最初にこれを詠み込んだのは、大津皇子と石川郎女の相聞歌であるといえます。すなわち、

大津皇子、石川郎女に贈る御歌一首

あしひきの　山のしづくに　妹待つと　われ立ち濡れぬ　山のしづくに　（二—一〇七）

石川郎女、和へ奉る歌一首

吾を待つと　君が濡れけむ　あしひきの　山のしづくに　成らましものを（二—一〇八）

と歌います。「山のしづく」は、露を言い換えた表現であるというのは、次のような理由です。現在の奈良県の湿度の状況からすると、こうした表現は成り立たないかもしれません。しかし、

草木が豊かに茂っていた時代、夏の朝、霧が昇って木々を覆うとき、それが木の葉に水滴となって付き、さらに流れくだるといった現象がみられる場合があります。「山のしづく」はそうした木の葉に付いた霧が葉を伝って落ちる水滴としての露であろうと推測するものです。おそらくは『文選』の露に濡れる表現に接した大津皇子が、こうした現象を目にして、あるいは体験して一工夫を凝らし、露といわないで、「山のしづく」と表現したものとみられます。巧みな表現であったといえます。露が衣を濡らすこと、露に濡れた衣を着ることは、たいしたことではなくても、貴族階層の人々には心地よいことではなく、辛いこと、苦しいことに属するようになっての表現といえます。これは露に濡れることを苦とする認識を前提として成り立つ表現です。木造の防水の行き届いた家に住むようになって、日常においては露に濡れることがなくなった貴族層が、露に濡れることを苦と受け止めるようになった時代と重なっているわけです。こうした表現も時代、あるいは社会階層とかかわって受容された、あるいは成り立ちえた表現であったと思われます。

とはいえ、この歌は軽い調子の歌です。露に濡れることは、たとえば、大雨に濡れることなどに比較するとたいした苦ではありません。当然、相手に強く苦を訴える表現にはなりえません。が、いつまでも待ちぼうけを食わされて、露で濡れてしまいましたと軽く誠意を訴える表現にはなりえたでしょう。裏を返していいますと、私は露に濡れるのも辛抱して貴方を待ち続けたのですよと、誠意を訴えて気を引いた表現であったといえます。

こうした誠意の見せ方を日本人に教えたのは仏教でしょうか。仏教の場合、仏に苦を訴えるわけではありませんが、巡礼等を典型とするように、仏菩薩に願を懸けるばあい、参詣には苦行を伴わねば叶えられないという信仰があったようです。時代は仏教を受容してから一二〇年ほど経ち、そうした苦行が意識のなかにのぼってくるようになった時代の表現ではないかと思われます。仏教を日本化した修験道の行や時代は下りますが、東大寺二月堂のお水取りの五体投地などはそれです。『今昔物語集』のわらしべ長者の物語には、都へ帰る道中の青侍が、慣れない徒歩での参詣のため、途中で倒れて息絶え絶えになっていた貴族に出会い持っていた柑子を与え、代わりに布を手にいれることになります。この貴族は徒歩による参詣を苦行として実践していたのです。こうした苦を伴う徒歩での参詣は、『源氏物語』の、田舎から戻ってきた玉鬘が勧められて長谷寺に徒歩で参詣し、途中で右近に出会って境遇を一転する幸運を得た話にもみえます。「徒歩の参詣」は苦行の型として古代、中世の長谷観音などの寺社への参詣関連の説話などにしばしば現れるところです。『万葉集』では早く、「露に濡れて」もこれを辛さに堪えて待つとか、苦に堪えて訪ねていくとする表現に転換応用しているようにみえます。

この類いの表現は、たとえば、人麻呂歌集の、

　秋相聞

誰そ彼と　我をな問ひそ　九月の　露に沾れつつ　君待つ吾を　（十一二二四〇）

　　右は、柿本朝臣人麿の歌集に出づ

　正述心緒

行きゆきて　逢はぬ妹ゆゑ　久方の　天露霜に　沾れにけるかも　（十一―二三九五）

　　以前の一百四十九首は、柿本朝臣人麻呂の歌集に出づ

といった歌にもみえます。これらも、相手に「苦しい思いをしても会いたいと思っている」と誠意を訴える歌であるとみてよいと思います。「行行」は『文選』にもみえますが、『万葉集』では他に重なる表現はありません。これは羇旅歌ですが、

　ぬばたまの　黒髪山を　朝越えて　山下露に　濡れにけるかも　（七―一二四一）

と歌うのもまた、露に濡れることは旅の苦しみとしているとみてよいでしょう。相手の気を引く意識があるかないかはともかく、露に濡れることは苦しみの表現として成立していることは確かであると思います。

大津皇子の表現との関係で思い合わせられるのは、姉の大伯皇女の歌です。これは、

　大津皇子、竊かに伊勢の神宮に下りて上り来まし し時の大伯皇女の御作歌二首

わが背子を　大和へ遣ると　さ夜深けて　暁露に　わが立ち霑れし　（二—一〇五）

です。この歌も単に見送って露に濡れたと歌うようにみえますが、今述べたところからみると、弟の無事を願って、露に濡れる辛さもものともせず、心を込めて見送ったという意味合いを含むとみるべきでしょう。「暁の露に濡れる」ことを苦にしないで立ちつくしたと歌うことで、夜明け前の薄闇の中に立ち、弟の運命を思い、無事を願う、姉の深い愛情をいっそうよく表現しえているといえます。露に濡れることがここでも苦の表現として用いられているのです。露が衣を濡らすことを苦の表現としたのは、もとより、『文選』など中国の文学にみえる作品です。魏文帝の楽府詩には、

　山に上りて薇を採る。薄暮、饑苦し。谿谷風多し。霜露衣を沾す。野雉群れ雊く、猿猴相ひ追ふ。還りて故郷を望み、鬱として合ふこと壘壘たり。云々

（『文選』巻二十七　魏文帝〈曹丕〉善哉行）

とみえます。これは遠出を詠んだ詩のようですが、他郷における苦しみの表現の一端を担わせたとみられる「霜露衣を沾す」を用いた詩がみえます。『文選』の李善の注では謝希逸の「月賦」の「微霜、人の衣を霑す」の注にも、「魏文帝の『善哉行』に曰はく、『谿谷悲風多し、霜

露人の衣を霑す。』（第十三）と後二句を引用します。引用は正確ではありませんが、改変は露に霑れることに、苦しみの意を汲んでのことであろうと思われます。

『文選』には、他にも王仲宣の「従軍詩五首」の第三首に、

征夫の心、懐多し。惻愴吾をして悲しましむ。船より下りて高き防に登れば、草の露我が衣を沾す。身を迴して牀に赴きて寝るも、此の愁当に誰にか告げむ。云々

（『文選』巻第二十七　軍戎）

といった表現がみえます。もとより、後者は軍旅における苦しみの表現としてのもので、相聞において相手に訴えようというような、生やさしいものではありません。それゆえ、軍旅の歌から相聞の表現への影響というには飛躍があるようにもみえます。ただ、大津皇子がこうした苦しみの表現に接して、軽い調子で相聞の中に取り込んだとすると、ここに皇子の工夫があったというべきでしょう。『万葉集』の仏教用語の使用には、真逆の表現に利用される場合もあるのが、参考になります。いずれにしても、露に濡れることは、雨や雪に濡れることほどの苦ではありませんが、苦の表現の一つとして『万葉集』の文芸的な性格をささえているように思います。雨に濡れるといいますと、周知のごとく、『落窪物語』では、逢うことを拒む女性に承諾させるために、助言を得て誠意をみせるべく、雨の夜に訪ねる男を描いていますが、やや

下卑た表現に陥っています。『万葉集』には、

大伴女郎歌一首　今城王の母なり。今城王は後に大原真人の氏を賜る。

雨障　常する公は　久堅の　昨の夜の雨に　懲りにけむかも　（四―五一九）

藤原朝臣八束の歌二首

ここにして　春日や何處　雨障　出でて行かねば　戀つつぞ居る　（八―一五七〇）

といった歌がみえます。これらは夫婦の歌ですが、雨が降ると、雨を口実にして、女のもとを訪ねようとしない夫を歌っています。露に霑れるのを苦と表現する歌は苦を軽く収めることで、文芸性を保っているようにみえます。こうした表現は、人麻呂の泊瀬部皇女等への献呈挽歌、

柿本朝臣人麻呂、泊瀬部皇女忍坂部皇子に献る歌一首〈并に短歌〉

飛鳥の　明日香の河の　上つ瀬に　生ふる玉藻は　下つ瀬に　流れ觸らばふ　玉藻なすか寄りかく寄り　靡合ひし　嬬の命の　たたなづく　柔膚すらを　劒刀　身に副へ寐ねば　ぬばたまの　夜床も荒るらむ〈一に云ふ、あれなむ〉そこ故に　慰めかねて　けだしくも　逢ふやと思ひて〈一に云ふ、君もあふやと〉玉垂の　越智の大野の　朝露に　玉裳はひづち　夕霧に　衣は沾れて　草枕　旅宿かもする　逢はぬ君ゆゑ　（二―一九四）

にもみえます。泊瀬部皇女の夫に寄せる思いの深さを描くために、人麻呂は、皇女が朝早く美

しい裳が露に濡れるのもいとわず、夕霧で衣が濡れるのものともしないで、夫の墓所を訪ねてそこで一夜を明かされると歌っています。朝露や夕霧に衣裳を濡らすことは苦しみであることを前提として成り立つ表現であり、衣裳を露に濡らす程度の苦はものともしないというのも思いの深さを訴える表現になるわけです。

その意味では、後に『後撰和歌集』にとられた、

秋の田のかりほの廬の苫をあらみわが衣手は露にぬれつつ

（百人一首・『後撰和歌集』巻六・天智天皇御製）

もまた同様です。とはいえ、所有地に仮庵を造って収穫を監督するような生活は天皇には考えられないことで、これはそのあたりが分からず、天皇に関係づけた歌のようですが、露に濡れる苦を冒して生産に努めることに勧農の意味をも見いだしていたのでしょうか。

今見たところを改めて振り返ってみますと、仮庵のなかにいても露に濡れる、旅であれ、逢い引きであれ、朝の草原を歩いて露に濡れる、こうしたことは体験的認識表現のレベルに属します。ところが、これを苦ととらえるとなると農民の生活においてはいいえないことで、都会生活者の認識、表現のレベルに属するように思われます。その苦ととらえた露に濡れることを他の何かの成就の為に必要な苦として捉え、表現するとすれば、それは信仰のレベルの考えを

踏まえた文学表現であるといってよいのでしょう。このように、ある意味で、意味をもたない自然、あるいは行為に意味をみいだし、あるいは付与することでなしえた表現は、素朴な体験レベルを超えたもので、『万葉集』の露の歌にもそうした無意のことに意味を認め、文学表現として用いていることを確認しえると思います。自然を如何に見、如何に表現するかについては中国文学や仏教の表現の刺激があったとみられることにも注意が必要でしょう。

万葉人が早い時期に自然認識を体験レベルから脱けだし、無意のものに何らかの有意のものをみいだす認識力を獲得し、表現し得たのは、日本人が自らの力で日本の風土の中でみいだし高めたからというわけではなく、中国の文学にみえる自然認識や表現に学んだところがあったからであるといえます。特に、露が衣を濡らすことに苦しみの意味を付加して歌の表現に用いることは、中国詩に学んだことであったようです。さらに、それを他者に誠意を訴える表現として利用したところには、仏教の影響もあったとみました。このように自然を無意のものとして見るだけではなく、人事と絡めて意味をみいだすことを学んだことは日本の歌、文学の表現において重要なことであったと思います。

露についていえば、仏教の無常観に学んで、そこにあげられる短命なものとしての自然を代表する露をとらえ、無常のもの、はかないものと認識するようになっています。葉上の危うく、かつはかない露のイメージは仏教の教えから学んで受けいれ、以後の日本文化の中に深く定着させていく、ここでは取り上げませんが、その先蹤を『万葉集』は果たしてもいます。これもまた、無意のものに人生にかかわる意味を認め表現することを教えるものでした。

三　人麻呂の見た吉野と表現

次に、全く別の自然ですが、吉野の宮の地の描写についてみたいと思います。ご承知のように、人麻呂は持統天皇の三一回におよぶ吉野行幸に、何度か従駕したとみられます。この歌は何時詠まれたか不明ですが、三六番歌は離宮が造られたときの歌のようにみえますから、三年までのことでしょうか。三八番歌も吉野の宮での国見を詠んでいますから、即位のあった四年の春のことでしょうか。その従駕において、二首の吉野讃歌を残しています。それらは、

吉野の宮に幸しし時、柿本朝臣人麻呂の作る歌

やすみしし　わご大君の　聞し食す　天の下に　國はしも　多にあれども　山川の　清き河内と　御心を　吉野の國の　花散らふ　秋津の野邊に　宮柱　太敷きませば　百磯城の　大宮人は　船並めて　朝川渡り　舟競ひ　夕河渡る　この川の　絶ゆることなく　この山の　いや高知らす　水激つ　瀧の都は　見れど飽かぬかも　（一―三六）

反歌

見れど飽かぬ　吉野の河の　常滑の　絶ゆることなく　また還り見む　（一―三七）

やすみしし　わご大君　神ながら　神さびせすと　吉野川　激つ河内に　高殿を　高知りまして　登り立ち　國見をせせば　疊づく　青垣山　山神の　奉る御調と　春べは　花かざし持ち　秋立てば　黄葉かざせり〈一に云ふ、黄葉かざし〉　逝き副ふ　川の神も　大御食に　仕へ奉ると　上つ瀬に　鵜川を立ち　下つ瀬に　小網さし渡す　山川も　依りて仕ふる　神の御代かも　（一―三八）

反歌

山川も　依りて仕ふる　神ながら　たぎつ河内に　船出せすかも　（一―三九）

右、日本紀に曰はく、三年己丑の正月、天皇吉野の宮に幸す。八月吉野の宮に幸す。四年庚寅の二月、吉野の宮に幸す。五月吉野の宮に幸す。五年辛卯の正月、吉野の宮に幸す。四月吉野の宮に幸すといへれば、未だ詳らかに何月の従駕に作る歌なるかを知らずといへり。

です。三六番歌は持統天皇の吉野離宮を讃める宮讃歌で、舒明天皇の国見歌である二番歌の「大和には　群山あれど　とりよろふ　天の香具山」という表現法に倣って広範に存在する場所のなかから、「山川の清き」場所ということで絞り込んでいく表現方法を用いて吉野をその理想の場所として歌っています。この歌は『万葉集』も何時の歌と特定していませんが、「秋津の野辺に　宮柱　太敷きませば」にこだわりますと、持統天皇の吉野離宮の完成を祝う祝賀の宴の歌とみることもできます。吉野離宮は宮滝遺跡の場所とみてよく、ここには斎明天皇時代の建物跡、重なる形で持統天皇時代の建物跡、聖武天皇時代の建物跡が重層しているのが確認されているようですから、持統天皇の時代にも宮は建築されたとみられます。その離宮完成の祝賀の時の宴の場で歌われた歌とみてよいのでしょう。それ故、宮讃歌の性格も帯びた歌を詠んだともいえるでしょう。

宮讃歌といいますと、『古事記』雄略天皇の三重の采女物語にみえる歌が思い合わせられます。この歌は、景行天皇の日代の宮の宮讃歌を用いて歌い始め、落ち葉を浮かべた酒の呪力を説く歌ですが、その宮讃の部分だけを上げてみますと、

纏向《まきむく》の　日代《ひしろ》の宮《みや》は
朝日《あさひ》の　日照《ひで》る宮《みや》
夕日《ゆふひ》の　日影《ひがけ》る宮《みや》
竹《たけ》の根《ね》の　根足《ねだ》る宮《みや》

木《こ》の根《ね》の　根蔓《ねば》ふ宮《みや》
八百土《やほに》よし　い杵築《きづき》の宮《みや》
真木栄《まきさ》く　桧《ひ》の御門《みかど》
新嘗屋《にひなへや》に　生《お》ひ立《だ》てる
百足《ももだ》る　槻《つき》が枝《え》は　云々　（記一〇〇）

と続きます。ここでは、朝日夕日の陽が当たる環境にあること、その環境をもつ大地にしっかりと柱が立てられた宮であることを、竹や木の根がしっかりと根を張っていることによそえ、また用材が立派な桧であることをあげて称えています。このように自然の中で目にする物によって人工の建物の確かさを示して称えています。これは特に吉野に特有の自然を捉えたものではなく、ある意味で観念的な表現ですが、これに続く宮の周囲の描写は山と川に囲まれている吉野の自然を捉えながらの表現です。

　人麻呂はこうした歌の表現を知っていたか、あるいは意識したかどうかはわかりませんが、吉野の選ばれた土地の、柱をしっかりと立てた宮で、多くの大宮人が奉仕する様を歌い、清らかな山河と一体になった宮は見飽きないと称えます。歌謡ほど丁寧な繰り返しは用いていませんが、この歌と同様の発想によって宮讃がなされているということはできます。そうして、新室寿の性格をもつ歌であるが故に、ある意味常套的な表現であっても、天皇が「絶ゆることなく」、「高知らす」宮は「見飽きない」と歌い収めます。

ところが、三八番歌の場合は天皇自らが歌った国見の呪歌ではありませんが、儀礼として天皇が吉野の宮でなされた国見の様を第三者的に見て歌うことを前提として、「わが大君が神らしい振る舞いをなさるというので、高殿をお建てになり、国見をなさると」と歌い始めます。従来、注釈においては、この部分にある「わご大君　神ながら　神さびせすと」とか、この後に続く「山神の　奉る御調と」「逝き副ふ　川の神も　大御食に　仕へ奉ると」「山川も　依りて仕ふる　神の御代かも」などという表現を手がかりにして、この歌は、時代の現人神思想にもとづいて歌われていると説明されてきたかと思います。それをすべて否定するものではありませんが、少しずれたところもあるのではないかと考えます。

ここでは、国見をなさる天皇を第三者的に描いていますが、天皇を神とする信仰にもとづいた表現では無く、国見という天皇の儀礼にかかわる歌であるがゆえに、舒明天皇の国見歌で「国見をすれば　国原は　煙立つ立つ　海原は　鷗立つ立つ」と歌われたように、宮を取り巻く世界を神話的なものと見立て、表現を神話的表現に近づけているというべきではないでしょうか。

改めて『万葉集』の二番歌「天皇、香具山に登りて望國したまふ時の御製歌」をみてみますと、

大和には　群山あれど　とりよろふ　天の香具山　登り立ち　國見をすれば　國原は　煙立つ立つ　海原は　鷗立つ立つ　うまし國そ　蜻蛉島　大和の國は　（一―二）

と歌われています。この歌では、香具山に登って、国見をすると、国原には煙が盛んに立ち上り、海原には鷗が頻りに飛び交っていると歌います。煙はともかく、海原は実際の香具山山頂からの視野には入ってきません。しかし、ここでは海がみえると歌っています。

香具山から海のみえないことは、海のない大和に住む人々の認識においては当たり前のことであったはずです。しかし、国見においては、そうした常識的な認識とは矛盾する、香具山からみた景の中に海を見立て、そこに願わしい情景が出現していると表現するのです。これは、現実ではなく、国見歌が要求しているものを表現したにすぎません。それゆえに、この歌を聞く人々もまたこれを当然のこととする認識をもっていたのです。つまり、これを異とはしなかったのです。それにもかかわらず、注釈において海を香具山周辺の池に求めようとするのは、むしろ舒明天皇の表現は素朴ではなく、読み手の研究者が素朴な発想しか持ち得なかったことを示しているというべきなのでしょう。

この歌は大和を国の「まほろば」と性格付け、その中でもすべてにおいて最も備わった山としての香具山を提示し、その頂きに上って国見をすると、まずは歌います。その上で天皇の目には国原とともに海原も無限の広がりをみせ、国原には煙が幾筋も立ち上り、海原には鴎が群れ舞って、生気に満ち満ちた美しい景をみせていると表現したのです。

これを幻想あるいは幻視というかどうかはともかくとして、このような景を言葉として表現することが儀礼の歌においては必要だったのです。

同様に、歌においては、言うまでもなく、歌われる時と場に制約されて、表現が選ばれていたことも考えねばなりません。このことは、儀礼歌以外においても注意すべきことのように思われます。つまり、歌においては、あるいは文学においては、表現されたとおりの認識を、歌人たちがもっていたわけではないということに注意を払う必要があるわけです。それは歌の要求することに応えた表現なのであって、現実に生きる人間としてもっている対象への認識を表現したものではないということです。

この歌でいえば、人麻呂は現人神思想にもとづいて吉野の自然をみていたのではなく、天皇のなさる国見なるがゆえに、そうしてその後の宴において、儀式の流れにかなった歌を披露するように求められていたがゆえに、無意の自然に神話的意味を付与した表現にすることに意味を見いだし、見立てによって、山は山祇、川の漁民は川の神と表現しているようにみえます。そうして紅葉は山の神からの調、鵜飼や叉手網漁で得た川の獲物は川の神からの調と見立てることで、吉野に神代が出現していると称えるのです。

もとより、ここにいう見立ては、梅の花びらの舞い散るのが、雪の風花に似ているというように、物同士の性質や形状が似ているものを繋いで見立てをするものではありません。それとは関係なく、その歌の表現上必要なものを、先にみた神武東征における顕斎のように、その場から選び出して必要なものに見立てるといったもので、文芸的というよりは宗教的営為であるというべきかもしれません。しかし、自然や人間の天皇への奉仕を神の営みとみて描き出すことは、宗教性を超えた文学的営為であると評価できるように思います。

これは天皇神格化の時代故の表現と見なされてきましたが、三六番歌と三八番歌の対比によってみると、三八番歌は国見儀礼にかかわるが故に、神武東征の時の顕斎とおなじとはいえませんが、同類の見立てによって、吉野の宮の環境を鳥瞰し、その認識を歌の必要に応じて神話的に表現したというべきもののように思います。

人麻呂は自然や漁民を神と幻視したというよりは、歌の場と性格に応じて、必要なものを宮の環境のなかから適宜神事的な見立てによって取り出し、表現したというわけです。つまり、自然がそのように神話的にみえていたというのではなく、自然を場の性格に応じた表現によって描き出すことで、国見の後の宴で歌うのに相応しい表現を選んだということであろうと思います。そこにその場の必要から神話的表現が選ばれたというわけです。

その意味では、この歌の表現は文学を志向した表現ではあっても、より神事儀礼的なものに引かれた見立てによる表現であり、政治性も強く表れ、それらが文芸性への志向を超えているところがあったということでしょう。しかしながら、この時代にはまだ、そうした文芸意識がなかった、神話的であったというわけでもありません。人麻呂も中国文学や仏教文化の表現もまた受容していることは明らかです。それらは時に応じて、それを用いるのに相応しい場で、それなりに選択して用いたということです。

おわりに

以上、霞、露、吉野の自然とまったく異質のものを取り上げて、自然がどのような目でとらえられ、どのように表現されているかを見てきました。うまくいったようにはおもわれませんが、歌それぞれが表現しようとしたもの、表現することを要求されているものに合わせて、対象をみ、その特徴を捉えて、歌の意図に叶うように心を砕いて表現しようとしていたことは見ることができたのではないかと思っています。

（ここでは先行研究をあげていませんが、先行研究に多くの恩恵を蒙っています。）

大伴旅人、讃酒歌遡源
――『列子』の思想から――

上野　誠

知っていながらも、知っているということを忘れちゃって、才能がありながらも、才能を振り回さないってぇのが、真の知、真の才能てぇもんだ――。ところがだ。何かをしようってぇと、知がなくちゃ何もできねぇし、能力がなけりゃあ、何もできねぇんだなぁ。土くれやゴミは、「無為」とはいえるんだが、それじゃあ世の中の道理っちゅうもんが通らないんだよ。これが。

（『列子』仲尼第四、部分拙訳。小林勝人訳注『列子（上）』〔岩波書店、一九九〇年、初版一九八七年〕を踏まえて）

はじめに

筆者はかつて、大伴旅人讃酒歌十三首を、無常観に基づく享楽主義と、反礼教主義の二つから考察したことがあった。[1] その典型的なる歌を挙げれば、

この世にし　楽しくあらば　来む世には　虫に鳥にも　我はなりなむ
生ける者《ひと》　遂《つひ》にも死ぬる　ものにあれば　この世にある間《ま》は　楽しくをあらな
（巻三の三四八、三四九）

〈釈義〉

この世でね　楽しく生きたらね……　あの世では　虫になっても鳥になっても　俺はかまわんさ　踊らにゃそんそん
生きとし生ける者は——　ついには死を迎える　ならばならば　この世にいる間は……
楽しく生きなきゃー　ソン！

となる。人の命が有限なることを自覚した上で人生を楽しむことを第一に考える考え方（享楽主義）と、礼教が人を縛るものであるならば、その礼教に対して、反発することによって、縛りを解こうとする考え方（反礼教主義）の二つが、讃酒歌には見受けられるのである。それは、

大伴旅人の思惟であるとともに、当時の中華文明圏を中心とする東アジアの知の潮流の一つであった。陶淵明の「飲酒」が、讃酒歌に影響を与えたとする説については、今日、これを否定する見方が支配的である〔土岐　一九五四年〕〔黒川　一九七六年〕〔上田　一九九三年〕。ただし、これは、否定というよりも、論証の方法がないといった方が適切かもしれない。広くいえば、陶淵明も旅人も、同じ知の潮流のなかにいるのである。

本稿では、享楽主義と反礼教主義という二つの東アジアの知の潮流に、讃酒歌の思想の源流を見定めてみたいと考える。

一　無常観に基づく享楽主義

陶淵明の詩は、『荘子』と『列子』から大きな影響を受けている。この点は、すでに先学が説き尽くしたところである。『列子』に収載されている寓話の一つに、栄啓期という人物についての話がある。

孔子太山（泰山）に遊び、栄啓期の郕の野を行くを見る。鹿裘帯索《かわころもをきなわおびを》して琴を鼓《ひ》きて歌う。孔子問うて曰く、先生の楽となす所以のものは何ぞや。対えて曰く、吾が楽甚だ多し。天の万物を生ずる、唯人〔のみ〕を貴しとなす。而して吾〔既に〕人たるを得たり。

此れ一の楽なり。男女の別、男は尊く女は卑し。故に男を以て貴しとなす。吾既に男たるを得たり、此れ二の楽なり。人生れて日月を見ず、襁褓《むつき》を〔離れずして死するを〕免れざる者あるに、吾既に已に行年九十〔五〕なり。此れ三の楽なり。貧は士の常なり、死は人の終なり。常に処《お》りて終を待たば、当に何をか憂うべきと。孔子曰く、善いかな、能く自ら〔心を〕寛《ゆる》うせる者なりと。

（「列子」天端第一、小林勝人訳注『列子（上）』岩波書店、一九九〇年、初版一九八七年）

自らを取り巻くすべての環境に抗わず、それをそのまま受け入れ肯定する。富貧、貴賤、性別、生死も意に介するところではない。すべては、あるがままなのである。抗わない生き方は、気ままな生き方なのだが、この寓話には、本稿にとってきわめて重要な観点が含まれている。それは、その境遇を自ら楽しんでおり、感謝すらしているという点である(2)。

孔子は、この生き方を「善乎」として、「能自寛者」としており、心に広さのある人を重んじているのである。こういった生き方こそ、「天を楽しみ命を知る」という生き方なのであろう。すなわち、筆者のいう無常観を前提とした享楽主義な生き方である。ところが、「治国」「平天下」を成すべき「士」は、これだけでは、その任を全うすることができない。『列子』は、そのあたりの葛藤を次のように説いている。

仲尼（孔子）間居《かんきょ》（閑居）す。子貢入りて侍せるに、憂うる色あり。子貢敢て問わず。出でて顔回に告ぐ。顔回琴を援《ひ》きて歌う。孔子之を聞き、果して回を召して入らしめ、問うて曰く、若奚《なんじなん》ぞ独り楽しめると。回曰く、夫子（先生）奚ぞ独り憂うると。孔子曰く、先ず爾《なんじ》が志を言えと。曰く、吾昔に之を夫子に聞けり。曰く、天を楽しみ命を知る、故に憂えずと。回が楽しむ所以なりと。孔子愀然《しゅうぜん》として間ありて曰く、是《こ》の言ありしかな。汝が意失（過）てり。此れ吾が昔日の言のみ。請う今の言を以て正しとせよ。汝は徒《ただ》天を楽しみ命を知るの憂なきことを知りて、未だ天を楽しみ命を知るの憂の大なるものあるを知らざるなり。今若にその実（真実）を告げん。一身を修（脩）めて窮達に任せ、去来（有為転変）の我にあらざるを知りて、心慮《こころ》を変《かえたり》乱《みだしたり》するなきは、爾が所謂天を楽しみ命を知るの憂なきものなり。曩《さき》に吾が詩書を修め、礼楽を正せるは、将に以て天下を治め、来世に遺さんとするにあり。但に一身を修め、魯国《ろこく》を治めんとするのみにあらず。而るに魯の君臣日々にその〔礼楽の〕序を失い、仁義〔の道〕益々衰え、〔民の〕情性益々薄し。此の道一国と当年（現在）とにすら行われず。それ天下と来世とを如んせん。吾始めて詩書・礼楽の治乱を救うことなきを知れども、未だ之を革《あらた》〔改〕むる所以の方《みち》〔法〕を知らず。此れ天を楽しみ命を知れる者の憂うる所なり。然りと雖も吾之《これ》を得《さとり》（悟）たり。

夫《そ》れ〔天を〕楽しみて〔命を〕知るは、古人の所謂楽知にあらず、〔天を〕楽しむなく〔命を〕知るなきは、是れ真に楽しみ真に知るなり。故に楽しまざる所なく、知らざる所なく、憂えざる所なく、為さざる所なし。詩書・礼楽何の棄つることかこれ有らん。これを革《あらた》むることを何ぞ為さんと。顔回北面拝手《ほくめんはいしゅ》して曰く、回も亦之を得《さとり》たりと。出でて子貢に告ぐ。子貢茫然《ぼうぜん》として自失《きぬけ》し、家に帰りて淫思《いんし》（深思）すること七日。寝ねず食わず、以て骨立《やせてほねばかりになる》（痩《や》する）に至る。顔回重ねて往きて之を喩す。乃ち〔孔〕丘《きゅう》の門〔下〕に反り、絃歌して書を誦み、終身輟《や》めざりき。

（『列子』仲尼第四、小林勝人訳注『列子（上）』岩波書店、一九九〇年、初版一九八七年）

孔子は、憂えていた。たしかに、天を楽しみ命を知る者には、憂いがない。しかし、それでは、天下を治めることなどできやしない。私が、自らの身を修め、詩を学び、礼楽を勧めたのは、天下の為を思ってのことであった。そして、わが教えを後世に残すことが大切だと考えていた。けれども、今、そういった政治が行われている気配すらないではないか。とはいえ、思い返してみると、天下を治める道は、身を修め、詩を学び、礼楽を勧める以外には、やはりない——。だから、孔子は、現今の状況を憂うけれども、礼教を勧めるべきだとの考え方を改めるつもりはない、といったのであった。

孔子が浮かぬ顔をし、子貢が痩せ細るまで悩んだのは、じつにこの問題だったのである。つまり、こだわりのない人生を送ることはまことに結構なことだが、礼教によって人の心を正す以外に、「治国平天下」の道もないのだといっているのである。かくなる点は、反礼教主義の抱える矛盾を鋭く突く批判ともなっている。魯迅は、この問題を中国における知識人全体の葛藤の課題だと捉えて、次のように述べている。

そこでまじめな人たちは礼教をこんな風に利用するのは、礼教に対する冒瀆であると考えて、不平でたまらず、だが他にどうすることもできないので、憤慨のあまり、礼教を口にしなくなり、信じなくなり、ひいては礼教に反対するようになったのです。――だが実はそれは態度だけのことで、この人たちの本心は恐らく礼教をまるで宝物のように信じていたのです。曹操や司馬懿とはくらべものにならぬくらい、それにとらわれていたのです。

〔魯迅著／増田渉訳　一九五六年。一九二七年講演〕

礼教主義と反礼教主義の間に揺れる中国知識人の生き方を、魯迅は、以上のように述べたのであった。あるがままに生きて、名利を離れた生き方をめざすことのむずかしさをも、『列子』は説いているのである。

二　名利を離れた生き方

『列子』は、時として巧みな逸話によって、主張を展開してゆく書物である。逸話や物語は、具体的にものごとを考える手がかりともなるからだ。反面、それは、時として融通無碍にも見える。

あるがままに生きる享楽主義と、礼教を重んじて治天下をめざす礼教主義とは、もともと、相容れぬ考え方であった。『列子』は、巧みな逸話によって、礼教主義を攻撃している。鄭の宰相、子産は、礼の教化によって善政を行い、よく国を治めていた。しかし、その子産にも、悩みがあった。兄の公孫朝は、無類の酒好き。弟の公孫穆は無類の女好き。兄と弟の二人は、放蕩の限りを尽くしていたのである。途方に暮れた子産は、鄧析という人物に相談した。鄧析は、兄と弟にすぐに忠告するように言った。鄧析の言葉をとり入れて、子産は、こう二人に忠告をしたのである。思慮分別を持って、礼儀を守れば、地位も名誉も得られるではないか。名利を得たいなら、欲しいままにふるまってはならぬ、と。子産は、礼教主義の立場から、兄と弟を教導しようとしたのであった。以下、小林勝人の訳文で示しておこう。

すると子産のこの忠告に対して、公孫朝と公孫穆の二人は口を揃《そろ》えていった。「われわれだって、そんなことぐらいは、とっくに知ってるよ。しかし、十分考えた上で、ずっと前からこの生き方をえらんできたのだ。なにもお前の講釈《こうしゃく》を聞いてから、やっとはじめて分かったというのじゃないよ。そもそも、人がこの世に生を受けるということは、容易ならぬことだが、折角生まれてきても死ぐらいたちまちやってくるものはないのだ。得がたい人生でありながら、たちまちやってくる死を待ちうけねばならんのが、われわれ人間の運命なのだ。よくよく考えてみなくてはならぬ。それなのに、礼儀道徳などを尊んで他人に見せびらかし、自然の情性をおさえつけて名声を得ようとする〔実にあさましい事だ〕。そんな事をするくらいなら、いっそ死んだほうがまだましだ。生きていてあらんかぎりの歓楽《かんらく》をし尽《つ》くし、血気《けっき》ざかりの年ごろにしかできない快楽を十二分に味わいたいと思うだけだ。ただ遺憾《いかん》なのは、腹《おなか》が一ぱいになってしまって酒が飲みたいだけ飲めないのではないか、体力が疲れきってしまい色情《しきじょう》が満たしたいだけ満たせないのではないか、ということだけなのだ。世間の評判が悪くなるとか、肝心《かんじん》の生命が危なくなるとか、そんなことを心配してる暇《ひま》などとてもないのだ。それに、お前は政治の腕前を人々に見せびらかし、巧《たく》みな言葉でわれわれの心を混乱させ、名誉や俸禄でわれわれの心を引きつけようとするとは、なんとまあ、さもしくて哀れな心情《こころね》ではないか。われわれは序《つい》でだから、もう少し、お前のためにこの点を説明してやろう」

（『列子』楊朱第七、小林勝人訳注『列子（下）』岩波書店、一九八七年）

この話は、私たちに、享楽主義が礼教主義と表裏一体の関係にあることを教えてくれる。讃酒歌の三四九番歌にみえる思想の淵源の一つということができるだろう。『列子』は、尭舜や伯夷叔斉も、その名声とは裏腹に不幸の人であったと説き、名声など見せかけのものだと説いている（『列子』楊朱第七）。地位、名誉、富に関する次の逸話も、『列子』の真骨頂ともいうべきもので、読者に人生を考えさせる逸話となっている。

衛《えい》の端木叔《たんぼくしゅく》は子貢の世《よつぎ》（後裔）なり。その先貲《せんし》（父祖の遺産）に藉《よ》（因）りて家に万金を累《かさ》ぬ。世故《せこ》（世事）を治めず、意の好む所を放にす。その生民の為《な》さんと欲する所、人意の玩《もてあそ》ばんと欲する所のものは、為さざるはなく、玩ばざるはなし。牆屋 台榭・園囿池沼、飲食車服・声楽 嬪御《そばめ》、斉《せい》・楚《そ》の君に擬《なぞら》う。その情《こころ》の好《この》まんと欲する所、耳の聴《き》かんと欲する所、目の視《み》んと欲する所、口の嘗《な》めんと欲する所に至りては、殊方偏国《よそのくにやへんぴなくに》〔に産し〕、斉土《せいど》（中国）の産育する所のものにあらずと雖も、必ず致さざるなきこと、猶〔我が〕藩牆《かきねのなか》の物のごとし。その游ぶに及んでは、山川阻険《けわしく》、塗逕《みち》修遠と雖も、必ず之《ゆ》かざるなきこと、猶人の咫歩《しほ》（一尺足らずの道）を行くがごとし。賓客の庭に在る者日《ひび》に百をもて数え、庖厨《くりや》の下煙火《もとひやけむり》を絶《た》たず、堂廡《ざしき》の上は声楽を絶たず。奉養《めうえにつかえやしなう》の余は先ず之を宗族（一族）に散じ、宗族の余をば次に之を邑里に散じ、邑里の余をば乃ち之を一国に散ず。行年六十、気幹《きかん》（気力筋骨）将《まさ》に衰えんとするや、その家事を棄て、都《す》べてその庫蔵《くらにい》れたる珍宝・車服《しゃふく》妾媵《そばめこしもと》を散じ、一年の中に焉《これ》を尽くし、子孫の為に財を留めず。その病むに及びては、薬石の儲（貯）なく、その死するに及びては、瘞埋《ほうむる》の資《いりめ》（費用）なし。一国の人その施を受けたる者、相与に賦《わりあて》して之を蔵《おさ》め（葬り）、その子孫の財を反《かえ》す。禽骨釐《きんこつり》之を聞きて曰く、端木叔は狂人なり、その祖を辱《はず》かしむと。段干生《だんかんせい》之を聞きて曰く、端木叔は達人《さとれるひと》なり、徳その祖に過ぐ。その行う所、その為す所は、衆意《なみのひと》の驚く所なるも、誠理《まことのり》の取る所なり。衛の君子多く礼教を以て自ら持するも、固より未《いま》だ以て此の人（達人）の心を得（悟）るに足らずと。

（「列子」楊朱第七、小林勝人訳注『列子（下）』岩波書店、一九八七年）

衛の端木叔は、『論語』に登場する子貢の子孫であり、かなりの資産家であった。彼は、贅沢の限りを尽くし、またその富を身の回りの者に惜しげなく分け与えていた。ところが、年齢が六十を過ぎて、一家の切り盛りができなくなってしまうと、今度は一転して没落してしまい、病の折にはその薬代にもこと欠くありさま。死んでも葬式代すら残っていなかった。しかし、世話になった人びとは、放っておかなかった。かつて施しを受けた人びとは、葬式をしてやり、子孫に本来ゆくべき財産も返してやったというのである。憐れみ、その恩に報いようとしたのである。この状況を見た墨子の高弟、禽骨釐は、「端木叔は、気違いだ。先祖の顔に泥を塗った」と罵った。ところが、老子の子孫の段干生は、端木叔こそ、道を悟った人だ、子貢を越えるほどの傑物だ、と賞賛したというのである。最後の一文「衛の君子多く礼教を以て自ら持するも、固より未だ以て此の人（達人）の心を得（悟）るに足らずと」は、痛烈な礼教批判となっている。ここに、『列子』の批判精神を見て取ることができる。

一方で『列子』は、反対に名利を捨てることの難しさについて言及している。名利を捨てることは、そんなに簡単なものではないと、次のように述べているのである。

鬻子《いくし》曰く、名を去（棄）れば憂なし。老子曰く、名は実の賓《ひん》なり〔主にあらず〕と。而るに悠悠たる者（世人）名に趨《はし》って已まず。名は固より去るべからず、名は固より賓とすべからざるか。今、名あれば則ち尊栄にして、名亡ければ則ち卑辱《ひじょく》なり。尊栄なれば則ち逸楽《いつらく》し、卑辱なれば則ち憂苦《ゆうく》す。憂苦は〔本〕性を犯すものなり、逸楽は〔本〕性に順うものなり。斯《こ》れ実の係《かか》わる所なり。名胡《なん》（何）ぞ去るべけんや。名胡ぞ賓とすべけんや。但〔唯〕夫《か》の名を守りて実を累わすを悪《にく》む。名を守りて実を累わさば、将に危亡《きぼう》（破滅）

すら救われざるを恤《うれ》えんとす。豈徒《ただ》に逸楽・憂苦《ゆうく》の間《へだたり》（隔たり）のみならんや。

（「列子」楊朱第七、小林勝人訳注『列子（下）』岩波書店、一九八七年）

曰く、「社会的な名声を欲する心を捨て去れば、憂いはなくなる」と。曰く「名声など実ではない。単なる附属物だ。人生の本質などとは関わらない」と。ここでいう「実」とは、人生を楽しむことと置き換えてもよいだろう。しかし、名声のない者は、賤しい身分に貶められ、その人の心の本性すらも歪められてしまう。だから、名声が捨てられないのだというのである。しかし、名声に執着が生じると、実が失われてしまう。そうすると、身を滅ぼすことになってしまうぞ、といっているのである。以上のような言辞が、律令官人たる大宰府の国司たちの心に響いたのであろう。それは、彼らのジレンマを代弁してくれたからであろう。彼らもまた、役人としてどう生きるか、悩んでいたのである。大伴旅人もまたその一人なのであった。

三　『列子』の示す死生観

『列子』は、中国古典のなかでも、死生について、きわめて具体的に論述している書物である。このことは、つとに知られているところである。代表的意見の一つとして、小林勝人の言を借りれば、人生の生については至れり尽《つ》くせりの感のある儒家《じゅか》も、生死の死についての考察や思索においては、いかに贔屓目《ひいきめ》に見ても列子などの道家《どうか》に一籌《いっちゅう》を輸《しゅ(ゆ)》するのではあるまいか、と思われる。

儒家の教典『礼記《らいき》』は葬《とむらい》や喪《も》に関する礼《れい》については、人生の重大事として詳細を極《きわ》めて述べているが、喪葬《もやとむらい》のよって来る所以《ゆえん》である死については、さしたる考察もなく、唯《ただ》何か所かで軽く触れているに過ぎない。況《いわん》や『論語』や『孟子』の書に至っては遺憾乍ら尚更の事である。

（「列子」解題、小林勝人訳注『列子（上）』岩波書店、一九九〇年、初版一九八七年）

ということになる。その上で、小林は、列子を「中国古代最初の理論的死生観を提唱《ていしょう》した特色ある思想家なのである。」と評価をしている。

では、『列子』の説く死生観とは、具体的にどのようなものであろうか。それは、死も生も「自ずから」あるものという思想である。

生は貴べばとて能く存《いきながらえ》るべきにあらず、身は愛すればとて能く厚うすべきにあらず。生は亦賤しめばとて能く夭《わかじに》すべきにあらず、身は亦軽んずればとて能く薄《うす》うすべきにあらず。故に貴べども生きざる或《あ》（有）り、賤しめども死せざる或り、愛すれども厚からざる或り、軽んずれども薄からざる或り。此れ〔理に〕反《はん》するに似て、反するにあらず。此れ自ずから生き自ずから死し、自ずから厚くし自ずから薄くするなり。貴びて生くる或〔有〕り、賤しみて死する或り、愛して厚くする或り、軽んじて薄くする或り。此れ〔理に〕順なるに似て、順なるにあらざるなり。此れ亦自ずから生き自ら死し、自ずから厚くし自ずから薄くするなり。鬻熊《いくゆう》、文王に語《つ》げて曰く、自ずから長きは増す所にあらず、自ずから短きは損《へら》す所にあらず。〔此れはみな自然の運命（天意）にして〕算《さん》〔計〕の亡《な》き所（智慮の及ばざる所）なるを若何《いかん》せん。老聃《ろうたん》、関尹《かんいん》〔子〕に語《つ》げて曰く、天の悪む所、孰《たれ》かその故を知らんと。天意を迎え、利害を揣《はか》〔計〕らんとするは、その已《や》まんには如かじと言えるなり。

（『列子』力命第六、小林勝人訳注『列子（下）』岩波書店、一九八七年）

そもそも、人の生命は、大切にしたからといって必ずしも長命になるものでもなく、不養生したからといって、必ず早世するわけでもない。また、もちろん、養生して長生きすることがあるし、反対に不養生から短命となることだってあるはずだ。しかしながら、これらのこともすべて「自ずから」のことだと考えねばならない。周の文王の師たる鬻は、文王に対して、人の寿命などというものは、人の力でどうなるものではない、天命なのだと断じた。また、老子は関尹子に対して、齢のことで天を憎んだところでどうしようもないし、人智によって計算できるものなどではないといったではないか。以上のように述べたあと、『列子』は、次のような結論を出している。結局のところ、齢のことなど人智の及ぶところではないのだ、と。これが、『列子』の寿命に対する考え方である。もう一つ、『列子』の死生観がよく表れている一文を見ておきたい。

楊朱曰く、百年は寿《いのち》〔命〕の大斉《かぎり》（最大限）なり。百年を得る者は千に一なし。設《たと》い一者《ひとり》ありとするも、孩抱《みどりご》（孩提・嬰児）より以て昏老《としより》に逮《およ》ぶまで、幾《ほとん》（殆）どその半《なかば》に居る。夜眠《やみん》の弭《や》む所、昼覚《ちゅうかく》の遺《うしな》（失）う所、又幾《ほとん》どその半に居る。痛疾哀苦《つうしつあいく》、亡失憂《ぼうしつゆう》懼《く》、又幾どその半に居る。十数年の中を量《はか》るに、逌然《ゆったり》（悠然）として自得《じとく》し介焉《いささか》の慮《おもんぱかり》なきこと、亦一時の中にも亡《な》きのみ。則ち人の生《い》くるや奚《なに》をか為《な》さんや。奚《なに》をか楽しまんや。美《び》〔食〕厚《こう》〔衣〕を為《な》さんのみ。声色を為さんのみ。而《しか》も美〔食〕厚〔衣〕は復常には厭《あ》き足るべからず、声色も常には翫《もてあそ》び聞くべからず。乃ち復刑賞《けいしょう》に禁勧《きんかん》せられ、名法に進退せられて、遑遑爾《あくせく》として一時の虚誉《きょよ》を競い、死後の余栄を規《はか》り、偊偊爾《こせこせ》として耳目の観聴《かんちょう》を慎しみ、身意《しんい》（心意）の是非《よしあし》を惜しみ、徒《いたず》らに当年（現在）の至楽を失いて、自ら一時に肆にすること能わず。重囚纍梏《きびしくとらえられかせかけられたる》（桎梏）と何を以てか异《こと》（異）ならんや。太古の人は、生の暫く来《きた》るを知り、死の暫く往《ゆ》くを知る。故に心に従って動き、自然に違わず。好む所の当生の娯しみは、去る所にあらず。故に名のために勧められず。性に従って遊び、万物の好む所に逆わず。死後の名も取る所にあらず、故に刑のために及ぼされず。名誉の先後（高低）・年命の多少は量る所にあらざるなり。

（「列子」楊朱第七、小林勝人訳注『列子（下）』岩波書店、一九八七年）

人の命など、生きてたかだか百年。そのうち、幼少期と老年期が半分。眠っている時間と、目覚めていても無駄な時間、さらには、痛みと悲しみの時間を差し引くと、幾ばくの時間すらも残らない。わずかな時間を楽しむといったところで、うまくゆかないのが常である。ところが、人間という生き物は、名声や死後の栄誉のために小心翼々として生きている。それがため、束の間の楽しみすらも逃してしまうありさまだ。ところが、大昔の人は偉いもので、名利などには目もくれず、生を楽しんでいた、と述べている。「生の暫く来るを知り、死の暫く往くを知る。故に心に従って動き、自然に違わず。好む所の当生の娯し」みを知る人が、最高の人だと述べているのである。以上が、筆者が読み取った『列子』の死生観である。

ところで、陶淵明の詩に『列子』楊朱篇の死生観の影響が強いことは、よく知られた事実である。現代中国において、批評家としてつとに名高い李長之（一九一〇―一九七八）は、影響関係を大づかみにするために、『列子』と陶淵明の詩句を抜き出して対照している。本編においいて、示唆するところがあり、引用してみたい。

楊朱篇

「万物の異にするところは生なり、同じうするところは死なり。生くれば賢愚貴賤あり、これ異なるところなり、死すれば臭腐消滅あり、これ同じきところなり。」

陶詩

「老《おい》も少《わか》きも同じく一死

賢も愚もまた数《えら》ぶなし」

——「形影神」

楊朱篇

「且《しばら》く当生に趣かんのみ、奚《なん》ぞ死後に遑《いとま》あらん。」

陶詩

「且《しばら》くは今朝の楽しみを極めん

明日《めいじつ》は求むるところにあらず」

——「斜川に遊ぶ」

「今にしてわれ楽しみを為さずんば

来歳あるを知るや否や」
――「劉柴桑に酬ゆ」

「千載は知るところにあらず
聊《いささ》かもって今朝を永《なご》うせん」
――「九月九日」

楊朱篇
「理に不死ということなし。理に久生ということなし。百年なおその多きを厭《いと》う、況んや久生に苦しまんをや。」

陶詩
「生あれば必ず死あり
早く終うるも命の促《ちぢ》まれるにはあらず」
――「挽歌詩」

「われに騰化《とうか》の術なければ
必爾《ひつじ》としてまた疑わず」
――「形影神」

「運生は会《かなら》ず尽くるに帰す
終古　これを然りと謂う
世間に喬《きょう》松《しょう》あるも
今において定《はた》して何れの間にかあらん」
——「連雨独飲」
「人生、実《まこと》に難し、死これを如何せんや」
——「自ら祭る文」
（「陶淵明論」李長之著、松枝茂夫・和田武司訳『陶淵明』筑摩書房、一九七一年、初版一九六六年）

陶淵明は、生活を詠ずる生活詩人としての側面と、自らの生き方を詠ずる人生詩人という側面とを合わせ持つ詩人である。自らの生活をある種の諦観をもって歌う詩人といえよう。その諦観の基底にある死生観は、『列子』の影響を強く受けたものであったことが、この対比から、よくわかる。こうしてみると、讃酒歌の死生観と、陶淵明の死生観が、ともに『列子』を媒介として結ばれていたことがよくわかる。もちろん、それは、源を遡れば……という話ではあるのだが。死もまた「自ずから」のものであるならば、それを命として受け入れるという考えが、そこには脈々として流れているのである。

四　死を受け入れる心

仏教においては、禁酒の戒によって、酒は禁止されている〔杉本　一九八五年〕。それに対して抗うのではなく、ならば仏罰によって、鳥や虫に転生したとてかまわない、と歌えたのは、死後のことなど考えてみても何になろうか、という思想を持っていたからであろう（三四八）。死生も、すべては「自ずから」なのであるから、考えても人智が及ぶはずもないのである。『列子』が生の楽しみを阻害するものとして、死後の名利に対する執着を挙げ、批判するのと同じである（三四八）。また、死というものが不可避である以上、人間にできるのは、今を楽しむことだけだというのも、『列子』の教えるところであった（三四九）。

こういった思想は、もちろん老荘に由来するものだが、身近な者の死を、どう受け入れるのかということに絞って、以下、見てみよう。『荘子』には、妻の死を迎えた荘子の行動が記されている。

荘子の妻死す。恵子之を弔ふ。荘子則ち方に箕踞《ききょ》し、盆を鼓《こ》して歌ふ。恵子曰く、人と與《とも》に居て、子を長じ身を老せり。死して哭せざるは、亦足れり。又盆を鼓して歌ふは、亦甚だしからずや、と。荘子曰く、然らず。是れ其の始死するや、我獨り何ぞ能く槩然《がいぜん》たること無からんや。其の始を察するに、本生無し。徒に生無きのみに非ずして、本形無し。徒に形無きのみに非ずして、本氣無し。芒芴《ぼうこつ》の間《かん》に雜はり、變《へん》じて氣有り。氣變じて形有り、形變じて生有り。今又變じて死に之《ゆ》く。是《こ》れ相與に春秋冬夏四時の行を為せるなり。人且つ偃然《えんぜん》として巨室に寢《い》ぬ。而《しか》うして我噭噭然《けうけう》として、隨《したが》ひて之を哭せば、自ら以為《おも》へらく、命に通ぜずと。故に止むるなり、と。

（「外篇　至楽十八」、市川安司・遠藤哲夫『荘子（下）（新釈漢文大系）』明治書院、一九九一年、初版一九六七年）

弔問に訪れた恵子は、驚いた。なんと荘子は、お盆を打って、両足を投げ出して、歌っているではないか。(3) 長年連れ添った老妻のために、礼教に定められた哭泣の礼をしないのか、まして歌舞音曲が禁止されている喪の期間に、足を投げ出して歌うなど、言語道断。あまりにも、薄情過ぎると恵子は荘子を断じたのであった。それに対する荘子の答えが、この話の聞きどころである。荘子はいった。もちろん、悲しいけれども、これは考えようだ。われわれは、今ここに存在しているが、生まれる前には、生命などなかったはずだ。肉体も、気すらもなかった。陰陽の自然の摂理によって、われわれは生まれ、そして死んでゆくものなのである。とすれば、これは自ずからに春夏秋冬が巡り来るのと同じではないか。死が自然のものであれば、今、死して横たわる妻の遺体は天地という大きな室の中で寝ているのと大差ないはずである。ために、死を天命として受け入れる私は、礼教に定められた哭泣の礼などしない。だから、代わりに歌っているのさ、とうそぶくのである。この話は、死を超越する立場からの礼教批判となっている。礼教に随ってさえいれば、それでよいのかという批判が、ここには込められているのである。むしろ、こういった場合、礼教に従うことこそ、それは一種の思考停止になるのではないか、と読者に問いかけているのである。いわんとするところは、思考を停止させ、形骸化した礼教に安易に従う者こそ、むしろ、哀悼のまことが足りない人なのだという点にあるといえよう。

これと似たような話が、『世説新語』にも伝わっている。竹林七賢人のひとりである阮籍に関する逸話である。

阮籍、母の喪に遭ひ、晉の文王の坐に在りて酒肉を進む。司隷何曾《しれいかそう》も亦坐に在りて、曰く、明公は方《まさ》に孝を以て天下を治む。而るに阮籍は重喪《ちゆうさう》を以て、顯《あきら》かに公の坐に於いて酒を飲み肉を食らふ。宜しく之《これ》を海外に流して、以て風教を正すべし、と。文王曰く、嗣宗《しそう》は毀頓《きとん》すること此くの如し。君、共に之を憂ふる能はざるは、何の謂ぞや。且つ疾有りて酒を飲み肉を食らふは、固《もと》より喪禮なり、と。籍は飲噉《いんたん》して輟《や》めず、神色自若《しんしよくじじやく》たり。

（「任誕第二十三の二」、目加田誠『世説新語（下）（新釈漢文大系）』明治書院、一九八九年、初

版一九七八年）

母を失った阮籍は、服喪中にもかかわらず、酒肉を口にしていた。しかも、晋の文王（司馬昭）の御前においてである。見かねた司隷校尉何曾は、文王に対してこう言った。文王さまは、礼教を天下に示して、天下を治めている。しかるに、阮籍めは、いちばん重い母の服喪中だというのに、肉酒を食らっているではないか。これでは、天下に示しがつかない。早く所払いをするべきである。このようなものを、そのままにしておくことは、文王の治世にとってゆゆしき問題となりまするぞ、と。何曾の言を聞いた文王は、次のように答えたという。

阮籍が痩せ衰えているのは、心の底から母親の死を悲しんでいるからだ。お前が阮籍の友人であるというのなら、お前も阮籍と一緒に、悲しんでやるべきではないのか、と言ったのである。ここは、文王が、逆に何曾を牽制したところであろう。そして、文王は、無法者のふるまいを正当化する知恵を示している。服喪中であったとしても、医療用とあらば、酒肉を食べることは許されているはずだ。だから、痩せ衰えた阮籍は、酒肉を口にしても、礼教に適っている、と。しかし、この文王の発言は、一つの方便でしかなかったことは、最後の一文でわかる。なぜならば、当の阮籍は、他人の目を気にすることもなく、平然として、酒肉を食していたからである。この話では、文王に、真心の真偽を見分ける眼力があったこと。さらには、真心で、生きている臣下を助ける知恵が、文王にはあったことを示す話ともなっている。人の真心などというものは、外面だけからは、容易にわからないものだということを、私は、この話から学んだ。

世俗的に安易に妥協して、名利を得ることを否定する生き方が、『世説新語』の示す竹林七賢人の生き方なのであった。彼らが隠棲したのは、妥協的な生き方を忌避したからである。その反俗主義の背景には、「自ずから」に生きんとする生き方、自分の真心で生きる生き方があった、と見てよいだろう。そういう生き方に対する憧憬の念が、讃酒歌には満ち溢れているのである。

おわりに

知は、個々人の思惟のなかにあるものだが、それは、人と人との間で共有されるという側面をも持つ。そして、知は、一つのスタイルであるから、潮流にもなる。知なるものを一つの潮流としてみて、筆者が讃酒歌の源流として指摘した、無常観を前提とした享楽主義と反礼教主義は、六朝時代の知識人の間で流行した思想であった。それは、こだわりのない生き方を希求する生き方でもあった。彼らは、老子、荘子から列子へと、その範を求め、彼の人びとへのあこがれを詩文として綴ったのである。陶淵明も、大伴旅人も、その知の潮流にあるひとりであったと考えてよいだろう。今、擱筆の時にあたり、雑駁な印象批評を脱し得なかったことを恥じる。一方で、汗顔の極みながら、万葉歌の思潮の一斑を照らし得た、とも思う。以て、ご叱正の言葉を、心静かに待ちたい。

注

（1）「讃酒歌十三首の示す死生観——『荘子』『列子』と分命論——」『万葉集研究』第三十六集所収、二〇一六年、塙書房。

（2）鈴木大拙は、禅を論ずるにあたり、禅の祖師以外の書を多く引用している。それは、禅とはこだわりのない心のありようを、個々人が希求する生き方そのものなのだという考え方があるからだ。つまり、一つの宗派や宗学というよりも、心性として捉えているといえよう。この考えは、鈴木の信念に基づくものである〔鈴木　二〇〇六年、初版一九五〇年〕。鈴木の禅理解の特色は、心性や文化の広がりとして捉え、ものの見方や、身体と知のあり方として捉えようとする点にあるといえよう。

（3）哭泣の礼には、匍匐の礼をともなうので、跪くことになる。おそらく、足を投げ出す「箕踞」は、この礼教を念頭において表現されているはずである。すなわち、無礼のきわみだということだ。

参考文献

安立典世　一九九四年　「陶淵明「自祭文」〈楽天委分　以至百年〉考」『中国文化　研究と教育　漢文学会会報』第五十二号所収、筑波大学
穴沢辰雄　一九八四年　『列子』明徳出版社、初版一九六九年
阿部吉雄　一九八二年　『荘子』明徳出版社、初版一九六八年
安藤信廣　一九八七年　「陶淵明「形影神三首」の内包する問題――佛教と〈贈答詩〉――」『日本中国学会報』第三十九集所収、日本中国学会
安藤信廣・大上正美・堀池信夫編
　二〇〇八年　『陶淵明　詩と酒と田園』東方書店、初版二〇〇六年
一海知義　二〇〇二年　「玉碗盛り来たる　琥珀の光――酒を讃える詩」『月刊しにか』第十三巻第七号所収、大修館書店
――　二〇〇八年　『一海知義著作集２　陶淵明を語る』藤原書店
伊藤直哉　一九九一年　「淵明・酒・墓場」『桜美林大学　中国文学論叢』第十六号所収、桜美林大学文学部中国文学科
伊藤　益　二〇〇四年　「無常と撥無――讃酒歌の思想――」伊藤博・稲岡耕二編『万葉集研究』第二十六集所収、塙書房
入矢義高　二〇〇〇年　『求道と悦楽――中国の禅と詩――』岩波書店、初版一九八三年
――　二〇一二年　『増補　自己と超越――禅・人・ことば』岩波書店

植木久行　二〇〇二年「一杯一杯　復た一杯——友人と飲む」『月刊しにか』第十三巻第七号所収、大修館書店
上田　武　一九九三年「「貧窮問答歌」における中国文学の影響について」『学校法人佐藤栄学園埼玉短期大学紀要』第二号所収、埼玉短期大学
漆山又四郎訳註　一九八二年『訳註　陶淵明集』岩波書店、初版一九二八年
王瑶著／石川忠久・松岡榮志訳　一九九一年『中国の文人——「竹林の七賢」とその時代——』大修館書店
大形　徹　二〇〇六年「厚葬と薄葬——神仙思想の観点から——」『人文学論集』第二十四号所収、大阪府立大学
大矢根文次郎　一九六七年『陶淵明研究』早稲田大学出版部
——　一九八三年『世説新語と六朝文学』早稲田大学出版部
岡村　繁　一九八四年『陶淵明——世俗と超俗——』日本放送出版協会、初版一九七四年
小川　隆　二〇〇八年『『臨済録』——禅の語録のことばと思想——（書物誕生——あたらしい古典入門）』岩波書店
沖本克己編集委員・菅野博史編集協力　二〇一〇年『興隆・発展する仏教（新アジア仏教史07中国Ⅱ隋唐）』佼成出版社
小尾郊一　一九六二年『中国文学に現れた自然と自然観——中世文学を中心として——』岩波書

店
――　一九八八年　『中国の隠遁思想――陶淵明の心の軌跡――』中央公論社
――　一九九四年　『真実と虚構――六朝文学』汲古書院
――　二〇〇二年　『陶淵明の故郷――随想・旅行記――（小尾郊一著作選Ⅲ）』研文出版
神楽岡昌俊　一九九三年　『中国における隠遁思想の研究』ぺりかん社
川合康三　一九九六年　『中国の自伝文学』創文社
沓掛良彦　一九九八年　『讃酒詩話』岩波書店
黒川洋一　一九七六年　「憶良における陶淵明の影響の問題――「貧窮問答の歌」をめぐって――」『萬葉』第九十一号所収、萬葉学会
胡　志昂　一九九八年　「讃酒歌の論」『奈良万葉と中国文学』笠間書院、初出一九八九年
興膳　宏編　二〇〇〇年　『六朝詩人傳』大修館書店
――　二〇〇一年　『六朝詩人群像』大修館書店
後藤秋正　二〇〇二年　「更に尽くせ一杯の酒――別離の酒」『月刊しにか』第十三巻第七号所収、大修館書店
小林勝人　一九八一年　『列子の研究――老荘思想研究序説――』明治書院
小守郁子　一九六四年　「陶淵明の思想」『日本中国学会報』第十六集所収、日本中国学会
斯波六郎　一九六五年　『中国文学における孤独感』岩波書店、初版一九五八年
――　一九八一年　『陶淵明詩譯注』北九州中国書店、初版一九五一年
島田虔次　一九九七年　『隠者の尊重――中国の歴史哲学――』筑摩書房

杉本卓洲　一九八五年「飲酒戒考」『金沢大学文学部論集　行動科学科篇』第五号所収、金沢大学
鈴木大拙　二〇〇六年『無心ということ』大東出版社、初版一九五〇年
鈴木修次　一九六三年「嵇康・阮籍から陶淵明へ——矛盾感情の文学的処理における三つの型——」『中国文学報』第十八号所収、中国文学会
鈴木虎雄訳注一九九一年『陶淵明詩解』平凡社
大地武雄　一九九九年「陶淵明の孤独感」『六朝学術学会報』第一集所収、六朝学術学会
高橋庸一郎　一九八六年『「懐風藻」と中国文学』和漢比較文学会編『上代文学と漢文学』所収、汲古書院
龍川　清　一九五八年「陶淵明の文学と酒」『会津短期大学学報』第九号所収、福島県立会津短期大学
辰巳正明　一九八七年a「讃酒歌と反俗の思想」『万葉集と中国文学』笠間書院、初出一九七四年
——　一九八七年b「賢良」『万葉集と中国文学』笠間書院、初出一九七四年
中国古典文学研究会編
　一九七七年『反俗と思想と文学——中国文学の世界——』笠間書院
寺川眞知夫　二〇〇五年「旅人の讃酒歌——理と情——」『万葉古代学研究所年報』第三号所収、万葉古代学研究所
土岐善麿　一九五四年「旅人の讃酒歌について」『国文学研究』第九、十合併号所収、早稲田大学国文学会

中嶋隆蔵　一九八五年『六朝思想の研究――士大夫と仏教思想――』平楽寺書店
――　二〇〇六年『中国の文人像』研文出版
中西　進　一九九五年a「六朝風――旅人と憶良」『万葉集の比較文学的研究（中西進　万葉論集　第一巻）』講談社、初出一九五八年
――　一九九五年b「愚の世界――万葉集巻十六の形成――」『万葉集形成の研究　万葉の世界（中西進　万葉論集　第六巻）』講談社、初出一九六七年
長廣敏雄　一九六九年『六朝時代美術の研究』美術出版社
西岡　淳　一九九六年「詩と酒――盛唐に至る――」『愛媛大学人文学会創立二十周年記念論集』所収、愛媛大学人文学会
沼口　勝　一九九九年「陶淵明の「飲酒」の詩題の典據とその寓意について」『六朝学術学会報』第一集所収、六朝学術学会
芳賀紀雄　二〇〇三年『萬葉集における中國文學の受容』塙書房
長谷川滋成　一九九五年『陶淵明の精神生活』汲古書院
蜂屋邦夫　一九七九年「戴逵について――その芸術・学問・信仰――」『東洋文化研究所紀要』第七十七号所収、東京大学東洋文化研究所
――　二〇〇二年『荘子＝超俗の境へ』講談社
林　宏作　一九九三年「途に窮し慟哭する心情――阮籍の場合――」『桃山学院大学人間科学』第四号所収、桃山学院大学
久松潛一　一九二五年「大伴旅人と享楽思想」『萬葉集の新研究』至文堂

星川清孝　一九九六年　『陶淵明（中国名詩鑑賞1）』小沢書店
増尾伸一郎　二〇〇〇年　「清風、阮嘯に入る——『懐風藻』の詩宴における阮籍の位相」辰巳正明編『懐風藻——漢字文化圏の中の日本古代漢詩——（上代文学会研究叢書）』所収、笠間書院
松浦　崇　一九七七年　「袁宏『名士伝』と戴逵『竹林七賢論』」『Studies in Chinese Literature』第六号所収、九州大学中国文学会
松枝茂夫・和田武司訳注
　一九九一年　『陶淵明全集（上）』岩波書店、初版一九九〇年
　二〇〇二年　『陶淵明全集（下）』岩波書店、初版一九九一年
松本雅明　一九五四年　「懐風藻と六朝思想」『東方古代研究』第四号所収、東方古代研究会
松本幸男　一九七七年　『阮籍の生涯と詠懐詩』木耳社
宮沢正順　一九五七年　「陶渕明と佛教について」『宗教文化』第十二号所収、宗教文化研究会
棟方　徳　二〇〇〇年　「陶淵明の挽歌詩について」『岐阜聖徳学園大学国語国文学』第十九号所収、岐阜聖徳学園大学
村上哲見　一九九四年　『中国文人論』汲古書院
村上嘉実　一九八五年　『中国の仙人——抱朴子の思想——』平楽寺書店、初版一九五六年
森三樹三郎　一九八六年　『六朝士大夫の精神』同朋舎出版
柳田聖山　一九六九年　「臨済義玄の人間観——『臨済録』おぼえがき——」『禅文化研究所紀要』第一号所収、花園大学内禅文化研究所

柳瀬喜代志　一九七三年　「旅人の讃酒歌に見える「酔哭（泣）」について――阮籍の伝とのかかわり――」『国文学研究』第五十巻所収、早稲田大学国文学会
矢淵孝良　一九九四年　「陶淵明小論」『金沢大学教養部論集　人文科学篇』第三十二巻第一号所収、金沢大学
山岡利一　一九七五年　「世説新語を中心とする竹林七賢人考」『甲南女子大学研究紀要』第十一・十二号所収、甲南女子大学
山田英雄　一九八三年　「陶淵明と飲酒――その特色と意義」『高知大国文』第十四号所収、高知大学国語国文学会
吉川幸次郎　一九九〇年　『阮籍の「詠懐詩」について』岩波書店、初版一九八一年
吉川忠夫　一九八四年　『六朝精神史研究』同朋舎出版
吉川忠夫訳　一九八八年　『大乗仏典〈中国・日本篇〉』第四巻、中央公論社
李長之著／松枝茂夫・和田武司訳
一九七一年　『陶淵明』筑摩書房、初版一九六六年
臨済著／慧然編／入矢義高訳注
一九九〇年　『臨済録』岩波書店、初版一九八九年
魯迅著／増田渉訳
一九五六年　「魏晋の気風および文章と薬および酒の関係――九月に広東夏期学術講演会で講演――」『魯迅選集』第七集、岩波書店、一九二七年講演
渡部英喜　一九七六年　「酒中深味」『中国文学論考』第四号所収、二松学舎大学中国文学刊行会

付記一

荘子の妻を失った時の逸話は、奥村和美先生のご教示によるものです。ご教示を賜らなければ、成稿できませんでした。記して、お礼を申し上げます。

付記二

万葉文化館の共同研究の特徴は、徹底討論と学界の旧弊に囚われない自由さにあります。青春の日、その活動に参加し得たことを財産として、残された研究者人生の糧としてまいります。献呈の論文としては、笑止千万ですが、ご笑納賜りたく存じます。

付記三

成稿にあたり、大谷歩元研究員のご指導を仰ぐことができました。記して、お礼を申し上げたく存じます。

孝謙女帝の帝権感覚
——なぜ「奴を王と云ふとも」と思うようになったのか——

松尾　光

一　阿倍内親王の立太子をめぐって

天平宝字八年（七六四）十月九日、孝謙上皇は淳仁天皇に発した詔のなかで「挂まくも畏き朕が天の先帝の御命以て朕に勅ひしく、天下は朕が子いましに授け給ふ。事をし云はば、王を奴と成すとも、奴を王と云ふとも、汝の為むまにまに。仮令、後に帝と立て在る人い、立ちての後に、汝のために无礼して不従、なめく在らむ人をば、帝の位に置くことは不得」（『続日本紀』天平宝字八年十月壬申条）とし、自分が淳仁天皇の位を剝奪できる根拠は聖武天皇の意思だとしている。まさに父帝のいうがままに、淳仁天皇は廃位されたと読み取れる。

だが聖武天皇は予言者でも祈禱師でもないのだから、孝謙天皇が存命中に退位することやそのあとに即けた淳仁天皇を廃位することになるなど見通せたはずもない。

孝謙上皇の詔文では聖武天皇が明言したものというが、聖武天皇には上位者としての上皇から廃位を迫られた記憶などないし、むしろ天平十六年（七四四）二月の難波京遷都や十一月の紫香楽宮遷都を巡っては、難波京に留まろうとする元正上皇の意思に逆らって押し切っている。天皇の意思がまさっていた。また上皇となってからは、子・孝謙天皇を廃位しようと図ったことなど一度もない。考えられるのは遺詔で、指名した道祖王について「不適格だと思ったら、孝謙天皇が廃除しようと自在にせよ」といっていたかもしれないが、もしその趣旨が明記されていたのなら廃太子にあたり臣下の諒解を求める段階は必要なかったろう。また道祖王の皇太子廃除を委任したとしても、それは道祖王のことだけの委任であり、天皇の廃立ではない。皇太子の地位はそれほどに確定的でなかった。それなのに淳仁天皇の廃立にまで聖武天皇の言葉を持ち出されてはかなわない。この詔文にある聖武天皇の言葉は、聖武天皇自身の経験に基づかないし、仮に右の言葉に近い表現があったとしても、それは言葉のあやである。上皇がそんな大きな権限を持っているとは聖武上皇も自覚していなかったろうし、在位中の聖武天皇はみずからの体験としても天皇の方が上皇より上位だと思っていたろう。つまり「王を奴と成すとも、奴を王と云ふとも、汝の為むまにまに」「汝のために无礼して不従、なめく在らむ人をば、帝の位に置くことは不得」という言葉は、孝謙上皇が宮廷内の出来事から日常的に感じ取ることで育んできたもので、本人特有の帝権感覚だった。

ではこの前後に例をみないほど強烈で擅制的な帝権感覚は、彼女のなかでどのように形成されていったものだったか。その解明には、彼女が目の当たりにしてきた現実場面を辿り、そのなかから見出すのがよかろう。彼女の意識は、日々の体験のなかで練り上げられ形造られてきたに違いないのだから。

では彼女がじかに見聞きしていた宮廷生活の出来事を、順番に振り返ってみよう。

彼女は神護景雲四年（七七〇）八月四日に五十三歳で亡くなっているので、逆算すれば養老二年（七一八）生まれとなる。その彼女が宮廷に顔を出したのは、天平十年（七三八）正月の「阿倍内親王を立てて、皇太子と為す。天下に大赦す」（天平十年正月壬午条）とあるのが最初である。このとき彼女は二十一歳だったが、これは宮廷史上空前の出来事だった。女帝の即位が珍しいのではない。女性天皇なら、推古天皇・皇極（斉明）天皇・持統天皇・元明天皇・元正天皇とすでに五人もいる。画期的なのは、皇太子に立てられたことである。

もともと女帝の即位は、非常事態における臨時の措置である。三世紀半ばの卑弥呼でも「其の国、本、亦男子を以て王と為す」（新人物文庫本『現代語訳魏志倭人伝』）とあり、男子の即位をほんらいとする意識が日本でもっとに形成されていた。

非常事態とは、衆目の一致する後継男子がいない場合である。

現王統に男子が誰もいないのなら、それ以外の傍系の王統から候補者を選び出して王臣間の諒解・合意を取り付ける。そのための時間が必要で、その時間が長ければ取りあえず執務する女帝が要るだろう。あるいは有資格者の男子がいても、候補者があまりに幼年ならばその成長を待たなければならない。その期間の大王位の空白を埋める役割は、女帝に回ってくる。推古天皇・持統天皇などがこの例だ。また妥当な候補者がいても、決められない場合もあろう。甲乙付けがたい候補者が複数いて、そのうちの誰にしても廷臣の揃った同意が得られそうもない。誰を立てても不満が残り、紛争を生じる危険性がある場合、とりあえずは女帝を立てて、政変を回避しておく。そうした知恵の出し方もありうる。舒明天皇没後に山背大兄王・古人大兄皇子・中大兄皇子（天智天皇）の三者が拮抗した状態で皇極天皇が即位したのがこれに当たるといわれている。じっさいは山背大兄王など論外で、古人大兄皇子にも即位の野望はなかったもようだ。皇極天皇の登極の目的は、中大兄皇子の成長をひたすら待つことにあったらしい。この理解が違ったとしても、そういう事態はありうるだろう。いずれにせよ、こうした非常事態になるかどうかは前大王の死没時期によるのであって、予測できるものでない。大王の死没がいつになり、その時点で誰が有力後継候補と目されるものかは、だれにも予見できないし、予測してはいけない。

つまり女帝は大王の死没・大王の交代時に現出する政治状況しだい。種々の話し合いを経てとうとつに出現させるものであって、何年も前に予定して配置しておくような存在でない。したがって、最有力な後継候補としてあらかじめ女性を皇太子に立てておくなど、ありえない。とくに阿倍内親王立太子のさいには、男子候補者がいなくなる事態など予想していたはずがない。そのとき聖武天皇の第二皇子・安積親王（夫人・県犬養広刀自所生）は十一歳であって、とくに病弱という聞こえもなかった。順調に成長していけば、聖武天皇の血を承け継ぐ唯一の男子として即位したであろう。天平十年ならば聖武天皇は重篤でも瀕死でもないし、安積親王の成長を静かに待てばよいだけだから、女帝登極の準備などまったく不要だった。

しかし、阿倍内親王はじっさい立太子している。

このことについては、以下のように推測されてきた。

おおむねの諒解としては、藤原氏による県犬養氏への敵対行動とみなす。天平十年の時点で、聖武天皇の男子は安積親王しかいない。その立太子の日は、刻一刻と近づいている。だが藤原氏からすれば、安積親王がひとたび立太子してしまえばどうか。聖武天皇と光明皇后との間に第三皇子が生まれ、いかに皇后所生のその子が嫡子だと主張してみても、安積親王との年令差は開くばかり。年長の皇太子がいるのに、嫡子だからといって、年少の幼児を皇太子としてすげかえさせるのはむずかしい。そこで阿倍内親王を皇太子に当てて、安積親王のつくべき地位を未然に埋めてしまった。皇位継承は藤原氏腹で行なうとする藤原一族の強固な意思に基づき、阿倍内親王がその駒として使われた、という。

あるいは、聖武天皇の嫡系意識が昂じて、女子も嫡系相続の候補者と見なした、という説も近年力説されている。聖武天皇個人の意思だとすれば思惑が相互に食い違っていることでも同時に起こることの辻褄を合わせやすい、混乱する状況を説明しやすいのだろう。ただしこの説を採ると、生まれたばかりの弟・基王をただちに皇太子に据えたことが説明できなくなる。「嫡系の男子が生まれたから」といって皇太子につけておいて、死亡すると「女子も嫡系であれば差別されない」などとは同じ口からいいにくかろう。基王が死亡するまでは皇位継承者でないと考えていたので、嫡系でも女子の阿倍内親王を皇太子にしようとしなかったのだから。

阿倍内親王の立太子をめぐる政治的意図・思惑がどこにあったのかは、またあとで検討する。ただその推測がどうあれ、立太子はもとより彼女の意思でなく、父母と外戚一族の思惑によったものである。彼女は皇太子として政界に華々しく登場したが、宮廷びとはその彼女にどのような目を向けていたものか。いや、宮廷内外の眼は、まったく一致していた。宮廷内では冷やかな視線を向けられ、宮廷外では怨嗟の声と怒号を浴びていた。そして彼女は、歓迎されざる女帝となり、むりやり玉座に登せられることとなった。

というのは、かなりのちになるが天平宝字元年（七五七）七月に橘奈良麻呂の変が起こる。その事件解明のなかに、阿倍内親王立太子ころの宮廷びとの意識が描かれている。

左大臣橘諸兄の子・奈良麻呂は、光明皇后や武智麻呂など藤原一族による独善的な政局運営を快く思わず、新皇太子（または新天皇）の擁立と藤原氏排除のための同志を糾合しようとしていた。天平十七年に聖武天皇が不予になると、政局はにわかに緊張の度を増した。奈良麻呂は軍事氏族の佐伯全成に「陛下枕席安からずして、殆ど大漸に至らんとす。然れども猶皇嗣を立つること無し。恐らくは変有らん」といい、「願はくは多治比国人・多治比犢養・小野東人を率ゐて、黄文を立てて君と為し、百姓之望みに答へよ」（天平宝字元年七月庚戌条）と政変への荷担を持ちかけた。

言葉の意味として、この時点であれば阿倍内親王が立太子しており、制度的な皇嗣はいちおう定まっていた。だから、ここはそういう文字通りの意味でない。奈良麻呂とその与党となった廷臣たちの眼には、阿倍内親王などはなから皇嗣と映っていなかった。それだから、「嫡系なら女子でも候補者だと聖武天皇が見なしていた」という推測は認めがたいのだ。これでは、天皇一人の判断となってしまい、天皇の行為としてあまりに独善的だ。

ところで皇嗣とみないのは、男子でなく、独身の女帝では跡継ぎの誕生が見込めなかったからだろうか。奈良麻呂ら廷臣たちは、立太子したことだけでなく、天平勝宝元年（七四九）に孝謙天皇として即位したという登極の事実すら無視し続けていた。彼女が即位していることを認めず、聖武天皇の代理人・報道官ていどにしか思っていなかった。

そういう受け取り方がその時代にあったのは事実で、『日本霊異記』にいまもその痕跡が明瞭に残っている。

この書は薬師寺僧・景戒が平安初期までに全国の仏教説話を集めたもので、主として奈良時代の話である。説話はほぼ時代順に編まれているが、どの時代の話かを記した部分（じっさいにその年紀の話かどうかは別問題）を並べてみると、孝謙天皇の時代が存在していないのだ。上巻三十一縁から中巻四十縁までが「聖武天皇の御世」とあって聖武朝の話とされていて、たとえば「聖武天皇国食しし時」（中巻二十七縁）などとたしかにある。それなのに、間に天平勝宝元年十二月・同二年五月・同六年三月・同八歳七月・天平宝字二年三月の記事をふくみ、「聖武太上天皇のみ世」つまり聖武天皇が上皇として治めているかのような表記になっている。

そして直後の中巻四十一縁には天平宝字三年四月の年紀があって、もう淳仁朝（大炊天皇世）の話である。天平勝宝元年は孝謙朝の元号であり、時代順に並んでいることからすればそれ以降で淳仁朝記事の前までは孝謙朝での話のはずである。それなのに「聖武天皇の御世」とされており、孝謙天皇の存在はかけらも認められることなく、聖武天皇の時代が続いていたかのような認識である（拙稿『『日本霊異記』の時代観」「日本学研究」十三号、のち『飛鳥奈良時代史の研究』に収録）。


このことは、一僧侶としての認識でなく、国家的に認められていた。

そう考える理由は、元号が天平のままだからだ。天平感宝年間は聖武天皇の治世だが、その後の孝謙朝は天平勝宝・天平宝字となり、淳仁朝も天平宝字のまま。そして称徳朝も天平神護ではじまる。これは天平という括りのなかでのバリエーション変様という意味である。聖武天皇の治世である天平を冠したままで統治するのは、「天平の帝」である聖武天皇の代理人として統治しているのだと表明したいのである。代理人は、その本人が生きていなくとも口が利ける。被相続人の代理者（弁護士など）が本人であるかのように遺言を執行していくという現実は、いまもある。つまり天平を冠しつづけたことは、光明皇太后の治世・孝謙朝・淳仁朝はすべて聖武天皇の代理人の政治であると国家として認めていることなのだ（拙稿「光明・仲麻呂政権下の四字年号」、木本好信編『藤原仲麻呂政権とその時代』所収、のち『飛鳥奈良時代史の研究』に収録）。

政界では、孝謙天皇の存在など認めない。自分が立太子しても、正式な手続きをへて即位しても、世間が無視する。そういう異常な政治環境のなかで、彼女は宮廷のまんなかに座を占め、自分の存在を心のなかで認めていない廷臣たちと向き合わねばならなかった。そうとうに気を強く持たなければ、この状態を乗り切れない。そのなかでの心の拠り所は、一つは藤原一族の支持だが、より大きくは聖武天皇の娘であることだったろう。宮廷びとから浮いているという自覚のなかで、それが母の光明皇太后でも持っていない宝であり、彼女にとって最後の砦であり絶対の切り札であった。

二　紫微中台と太政官の抗争

天平十七年、聖武天皇の不予の報が廷臣たちに伝わった。天平十九年三月には光明皇后も新薬師寺を発願し、病気の平癒を真剣に祈らざるをえなくなっていた。その甲斐もなくて病勢は進み、天平感宝元年（七四九）七月、ついに聖武天皇は退位した。退位とはいうものの聖武天皇は存命して目を光らせており、しかも天平十六年閏正月に安積親王が死没していたこともあって、大きな異論もないまま、皇太子であった阿倍内親王が孝謙天皇として即位した。だが、孝謙天皇はまた異常事態を目の当たりにすることとなった。

天平勝宝へと改元がなされ、新帝の治世への期待が高まってもよいころだった。即位してわずかひと月しか経たない八月、母・光明皇太后が紫微中台を新設した。

紫微とは紫微垣のことで、北極星を中心とした星の集合体の名である。北極星は北半球において恒久的に動かない星で、天子の例えに用いられる。天子は北極に位置して動かず、天子が臣下に向かうとすべて南面することとなる。中台は中書省・中務省と同様で、天子の意を承けて作業する役所のこと。つまり「私は天皇で、その直属の役所だ」と名乗ったに等しい。

この役所は皇后宮職を改組・改名したとされるが、のちに唐風官名に変更され、太政官は乾政官、紫微中台は坤宮官となり、乾と坤とが対応する形になった。その名称からわかる通り、光明皇后の家政機関を太政官の格付けと並ばせた上で、実態は太政官より優先させて政務を執り行うのである。そして太政官内つまり公卿としては政界三位でしかない大納言・藤原仲麻呂を紫微令（のち紫微内相）に任じ、紫微中台の実権を握らせた。これにより、光明皇太后の命令が仲麻呂を通して八省にじかに流れることとなった。天皇と公卿の対話と協力で維持されてきたほんらいの政務決定機構（太政官）は事後承諾だけをする形式的機関となり、政治的にはまったく無意味なものとなった。この暴挙の背景には光明皇太后が孝謙天皇の生母という関係もあるが、より大きいのは聖武上皇の嫡后であってかつ天皇御璽（内印）を所持していることがあった。天皇御璽はほんらい天皇が所有するものだが、現に手に収めていたのは光明皇太后であり、光明皇太后として聖武上皇の遺愛の品を献納した『国家珍宝帳』の全面に彼女が持っていた天皇御璽の印判が所狭しと捺されている。この状態は仲麻呂の上司である左大臣・橘諸兄が致仕（辞職）し、右大臣・藤原豊成が失脚する天平宝字元年（七五七）まで続けられた。

九年もの長きにわたって二つの政務決定機関が並立し、廷臣は二つの党派に分かれて啀み合った。律令国家体制がしかれ、法治国家の体裁が整っていたはずなのに。律令の条々を遵守させようと努力してきた律令国家の、その頂点に位置する天皇の、その上に君臨する皇太后が、上皇も天皇をも力でねじ伏せて律令制度に反する執政を続けている。律令国家体制への反乱ともいえる。

これだけ政府機関を攪乱し無視してよいのなら、光明子の父・藤原不比等は条文の添削に知恵を傾け、官人層の承諾を取り付けるために汗を掻き、奔走する必要などまったくなかった。泉下で、苦笑いしていたであろう。闘病中ということもあったが、父・聖武上皇は母が起こしている政治的混乱状況にほとんど興味がない。そうであれば、母がどこまで律令制度を無視し壊していくのか、もはや唖然としながら見ているほかない。ところがそうやって見送っている間に、天皇としての治世は終わってしまった。聖武上皇が亡くなり、光明皇太后との間に期待されていた子の出産は、物理的に絶望となったからだ。聖武上皇との間に基王に続く男子を儲け、それを即位させる。そうしたら孝謙天皇が譲位する手はずだったろうが、もはやそうした時間稼ぎをする意味がなくなってしまった。

こうして母による超法規的な異常な嵐が吹き荒れた季節もついに終わったかと見えたが、そうはならなかった。

三　淳仁天皇との結婚

聖武上皇は、さすがに天皇としての自覚があった。死没前に、みずからの後継者を決めていた。没後の政治的混乱を避けるため、それは帝王としての最低限の義務だったろう。

生前にもっとも期待していたのは、娘・不破内親王（夫人・県犬養広刀自所生）が嫁いでいた女婿の塩焼王だった。しかし天平十四年十月に塩焼王は後宮で騒動を起こし、女孺四人とともに平城の獄に下され、そのまま伊豆三嶋に流されてしまった。三年後には召し返されているが、天皇候補とするにはむずかしくなった。というのも、天平宝字元年四月、孝謙天皇譲位後の後継者を選考させたとき、藤原豊成・永手が道祖王の兄として推挙したのだが「塩焼王は、太上天皇、責むるに、無礼を以てせり」（天平宝字元年四月辛巳条）として却下されている。

聖武天皇の脳裡から、塩焼王は消えた。そして塩焼王の弟・道祖王が候補となった。塩焼王が不適格なら道祖王も縁坐で埒外となっておかしくないが、新田部親王の子で藤原五百重娘（鎌足の娘）の孫にあたるので、藤原氏の諒解が取りやすいと考えたのだろう。ほかに今一人の娘・井上内親王の婿に白壁王（光仁天皇）がいたが、この時点で天智系の皇子は後継候補から除外されていた。こうして道祖王が聖武上皇の遺詔で指名され、皇太子に立てられた。鎌足の曾孫だから、光明皇太后も反対しないと思い、道祖王を孝謙天皇の皇太子として共治させる案だったようだ（『日本霊異記』下巻三十八縁）。だが光明皇太后はこの遺詔案の作成のさいまったく相談にあずかっていなかった。だから遺詔は初耳で、同意もしなかった。孝謙天皇とともに画策し、道祖王を廃太子してしまった。『続日本紀』天平宝字元年三月丁丑条には「先帝の遺詔を示し、因りて廃不の事を問ひたまふ。……敢へて顧命の旨に乖き違はじ」とあるので、遺詔では「道祖王を天皇としてよいかどうか、その判断は任せる」という趣旨であったろうか。先にも述べたが、この詔は道祖王の処遇についてのもので、天皇の権限についての一般論を示したものではなかろう。ともあれ道祖王に代わって、藤原仲麻呂邸に居候していた舎人親王の子・大炊王（淳仁天皇）が推された。藤原氏との血縁関係よりも、現実生活での親疎関係を優先したのである。

この経緯だけを聞いていれば、光明皇太后らは草壁皇統での相承をついに諦め、天武天皇系の大炊王を祖とするあたらしい皇統づくりを新天皇に託したかのようだ。ところが光明皇太后によって主導された淳仁天皇の擁立には、あらたな画策が匿されていた。

それは淳仁天皇と孝謙上皇の結婚であった。

そういう一見奇異な推測をするのは、淳仁天皇には后妃がいないからである。仲麻呂邸に居候していたときには粟田諸姉と婚姻関係にあったが、立太子時に離別させられていた。諸姉は淳仁天皇の即位時に後宮職員となって無位から従五位下に叙されたが、后妃の待遇を受けた形跡はない。皇太子妃だったら、まさか無位のままにしてはおかないだろうし、新天皇の唯一の夫人が従五位下ではひどいだろう。ともあれほかのだれかが立后したという記事も見られず、彼女以外に一度でも配偶者であったという人影がまったくない。廃帝となって淡路に送られたときですら、随伴したのは当麻山背ら母家の人たちだけ。后妃らの姿も記事もなく、したがって淡路にも后妃の墓所はない。

しかし定説では、淳仁天皇を祖とする新皇統がここから続けられていくはずだったのではないのか。それなのに后妃を一人として納れなかったら、どうやって新皇統の嗣子が得られるのか。粟田諸姉が淳仁天皇即位後にも后妃であったのかどうかより、新帝に後継男子がまだいないのなら、何人でも女性を後宮に送り込まなければいけないのでは。それとも淳仁天皇は一代限りで、また聖武上皇のときのように後嗣をめぐって誰を擁立するかの思惑で廷臣を啀み合わせるつもりだったのか。一代限りの誰かを継ぎ足し、また継ぎ足して擁立するのか。それが草壁皇統を守ろうと努力してきた人たちにとって、何かの得や気休めになるのか。

そんな経緯でないのなら、解答は明瞭である。淳仁天皇に后妃が見えないのは、孝謙上皇と結婚させたからである。光明皇太后は聖武上皇との間の子を諦めたが、孝謙天皇の子に最後の望みを託した。孝謙天皇の子を草壁皇統として即位させる。その入婿として、大炊王が選ばれた。孝謙天皇の子しか要らないので、ほかの女性は排されたのだ。筆者の理解が穏当でないとするなら、いったいどうやってせっかく立てた淳仁天皇系の皇統を作ろうとしていたのか。その構想は、はたしてどのようなものを示しうるのだろうか。それが聞きたい。

しかも淳仁天皇は、じっさいに治天の天皇でない。

『続日本紀』にはふつう「某王、位に即きたまふ」とあるのに、淳仁天皇の場合は「高野天皇、位を皇太子に禅る」（天平宝字二年八月庚子条）とあるだけで、大炊王が能動的に即位したという記事がない。また淳仁天皇の廃位のあとに、称徳天皇があらためて「即位した」ともない。つまり淳仁天皇の治世がそのまますべて孝謙上皇の治世でもある、と確信できる。

淳仁天皇は天皇と呼ばれているが、統治権は公認されていない。だから、改元もされなかった。古代では、新帝が即位したらかならず改元する（鎌倉時代には承久の乱により、室町時代には財政難などで改元しない例も生じた）。それなのに、天平宝字二年八月に孝謙天皇が譲位して大炊王が天皇となっても、改元しない。これは元号の主である孝謙上皇が治天の君として君臨し続けている、という意味である。上皇に天皇が入婿したのである。天皇同士の結婚という体裁作りのために大炊王は天皇と呼ばれることとなったが、ただしくは「真の天皇の夫である仮設の天皇」なのだ。天平宝字三年六月庚戌条の宣命では、大炊王は光明皇太后の「吾が子」、聖武天皇の「皇太子」とも呼ばれている。つまり孝謙上皇と淳仁天皇の二人は、聖武天皇・光明皇后の娘・娘婿と遇されているのである。

政策的な必要性があったとはいえ、いささか無理な結婚ではあった。大炊王は二十五歳で、孝謙天皇は四十歳である。これがぎりぎりだったろうが、結婚は可能であるし、なにより母・皇太后が政策的に必要だとして差配したことについて、その決定に逆らえる力はだれにもなかった（拙稿「淳仁天皇の后をめぐって」『白鳳天平時代の研究』所収）。

年齢については、遠山美都男氏（『古代の皇位継承』）は四十歳であれば出産の可能性がないとし、倉本一宏氏も天平十年・三十八歳の光明子が「高齢によって出産の『可能性』はすでにな」（『奈良朝の政変劇』）かったと断言されている。しかし、それは古代の女性に対する根拠なき先入観である。荒井秀規氏のご教示によると養老五年（七二一）の「下総国葛飾郡大嶋郷戸籍」（『寧楽遺文』上巻）一郷分のさらに一部断簡だけでも、孔王部加良売（五頁）が四十四歳、私部與伎売（十六頁）・孔王部奈為売（十三頁）・孔王部手子売（二十九頁）が四十二歳、小長谷部椋売（二十二頁）が四十三歳で出産したとある。筆者が精査したところでは、少なくとも六例は確実で、おそらくは四戸に一例の高齢出産が見られる（拙稿「養老五年下総国戸籍にみるいわゆる高齢出産者の年齢」「歴史研究」六四九号、のち『飛鳥奈良時代史の研究』に収録）。また大宝二年（七〇二）の御野国戸籍では、平均で十戸あたり七・二人の高齢出産者がおり、一戸に平均一・二人の高齢出産で生まれた子がいる計算になる（拙稿「東国御野・大宝二年戸籍にみるいわゆる高齢出産者の年齢」「横浜歴史研究会創立三十五周年記念誌・壮志」、のち『飛鳥奈良時代史の研究』に収録）。さらに大宝二年西海道戸籍にある六十七戸では、三十三人の母が四十九人の子を高齢出産している（拙稿「大宝二年西海道戸籍にみるいわゆる高齢出産者の年齢」、木本好信編『古代史論聚』所収、のち『飛鳥奈良時代史の研究』に収録)。先入主を持たず古代史料を虚心に見れば、現実に出産している。もちろん高齢でかつ初産となれば母胎に負担がかかって危険だと承知しているが、それは現代人の有する医学的な知識であって、古代人がそれを避けようと考慮できたはずがない。

それに二人が夫婦関係にあったことは、『日本霊異記』下巻・三十八縁にも「宝字八年十月大炊の天皇、皇后の為に賊たれ」とある。夫という位置づけだったのならば、淳仁天皇が仲麻呂の乱後に配流されることに強く抗議し、淡路島から脱出して訴え出ようと藻掻いていた理由も諒解できる。

ところで、上皇と天皇とを結婚させるという構想は、いつ光明皇太后の胸に胚胎したのか。この講座が行われた当時(平成二十八年六月二十五日)、筆者は聖武上皇没後の発案で、草壁皇統を続けるための最後のあがきと考えていた。しかしよくよく考えてみると、阿倍内親王の立太子は二十一歳のときであり、この時点ですでに宮廷内の常識的な結婚適齢期を三〜五年すぎている。当時の光明皇后と藤原四子は第三皇子の出生があると思って待っていたわけで、阿倍内親王の結婚をどうしても回避させようとまで考えてはいなかった。それなのに阿倍内親王が独身でいたのは、何か考えがあってのことでは。従来は元正天皇と同じように「もともと女帝として即位させるつもりだったので独身とさせていた」とみなしてきたが、天皇同士で結婚させたらよいという考えを早くに思いついていたのなら、適齢期を過ぎているのは誰かの成長を待っていたためかもしれない。そこで阿倍内親王が結婚するのに妥当な相手を探してみると、もっともふさわしい皇子は安積親王なのである。年齢差は十年あるが、大炊王よりも差が小さい。なによりも親王同士なので同格である。同父・異母姉弟であるが、推古天皇と敏達天皇も同じく欽明天皇の子であり、異母兄妹の夫婦である。敏達天皇の子に押坂彦人大兄皇子がいるが、彼も敏達天皇の娘で異母妹の小墾田皇女と結婚している。二世代続けて、異母兄妹の婚姻例がある。

ともあれ光明皇后が第三皇子を産まない限り、安積親王はその時点で唯一の聖武天皇の後継者であった。この現実を直視するなら、阿倍内親王の立太子は安積親王の即位を阻むためでも出産までの時間稼ぎでもなく、現に成長してきている後継候補の安積親王に対処する方法の一つとして、彼との結婚を控えての画策でなかったか。すなわち第三皇子が生まれてないなかで、安積親王の即位は止めようがない（「安積親王を天皇とするくらいなら、天武系皇子のだれでも、あるいは天智系皇子だっていい」という近親憎悪・自暴自棄の選択も話としてはありがちだが、現実的でなかろう）。といってそのまま座視すれば、外戚氏族は県犬養氏となり、宮子・安宿媛（光明皇后）

と繋いできた藤原氏は排除されかねない。それを防遏するために安積親王の即位の条件として阿倍内親王との結婚を義務づけ、その間の子を即位させることで外戚たる藤原氏の地位を保全する。そういう方策でなかったか。その方針が確実に選ばれるように、事前に阿倍内親王を立太子させて、皇太子の夫となることを求めた。天皇になるには、阿倍内親王との結婚が欠かせないという課題を突きつけたのである。皇太子の夫となって、阿倍内親王がまず即位し、上皇となったのちに安積親王が即位する形となる。あるいは、阿倍内親王が皇太子を辞して皇后となり、安積親王がただちに即位することもありうる。だが、現実には天平十六年閏正月安積親王が適齢期となる十八歳を前にたぶん脚気衝心で頓死し、立太子してしまった阿倍内親王だけが宮廷に遺された、ということだろう。

奈良麻呂が天平十七年にクーデタ計画を進めたのも、阿倍内親王の即位や存在をひたすら認めないという話ではなく、容認または歓迎していた阿倍内親王と安積親王の婚姻政策が頓挫したあと、阿倍内親王のあたらしい結婚相手（つまり新しい皇位継承候補者）がいっこうに決まらないことを憂えての行動とみなしてよさそうだ。

ともあれ阿倍内親王は、激動の政治舞台を間近で見つめすぎた。母は女帝・皇太子の存在を男帝と同様にまで高め、太政官政治体制を力尽くで覆し、男女二天皇の併立案を執拗に策した。

政界の規則や常識を破壊する暴挙が日常茶飯事で起こされるのをこれだけ見つづければ、孝謙上皇が「王を奴と成すとも、奴を王と云ふとも、汝の為むまにまに」という権力意識を懐いてしまうのも当然だった。

この延長線上に道鏡の皇位覬覦事件が発生するが、僧侶でも即位可能と思わせた原因は彼女のこの帝王意識にあった。そこさえ乗り越えてしまえば、「淳仁天皇は、自分がいるために、その夫として即位できた」のなら、同じく車の両輪の位置にある道鏡も天皇として即位してよい。ためらいなく、そう思い定められたのだろう。

持統天皇と役行者

菅谷文則

女性天皇の力と持統天皇

古代の女帝は中継ぎと日本古代史の研究者から言われることが多いが私はそうは思わない。古代の女帝は、優れた能力を持っていた。持統天皇もその一人である。中継ぎとする考え方は、19世紀の男性天皇による万世一系の思想から強調されたと言ってもよい。

持統天皇の事績というと、まず、たいへん多くの場所に旅をしていることである【図1】。飛鳥・藤原から吉野はもちろん、難波津、愛媛県の道後温泉、福岡県の朝倉宮、滋賀県の近江大津宮、和歌山県、三重県も色々なところに行っているが、岐阜県の安八郡《あんぱちぐん》なども行かれた。

確実な記録ではないが、伊勢から海を渡って遠江、今の静岡県浜松市周辺から愛知県豊川稲荷の辺りにも行ったという伝承がある。わたしは正しいのではないかと思う。これだけ旅をした古代の天皇は、天武・持統天皇以外にはいない。

持統天皇が成し遂げた政策や事業としては、藤原京という都を作ったことが挙げられる。律令制に則った政治運営をするには、新しい都が必要だった。藤原京造営の計画を立てたのは天武天皇だったが、完成させたのは持統天皇だった。

なお、『万葉集』に「大君《おほきみ》は　神にし坐《ま》せば　赤駒の　匍匐《はらば》ふ田居《たゐ》を　都《みやこ》となしつ」（巻二〇―四二六〇）「大君は　神にし坐せば　水鳥《みづとり》の　すだく水沼《みぬま》を　都《みやこ》となしつ」（巻二〇―四二六一）（ともに中西進『万葉集全訳注原文付』講談社文庫による）という歌があるが、こ

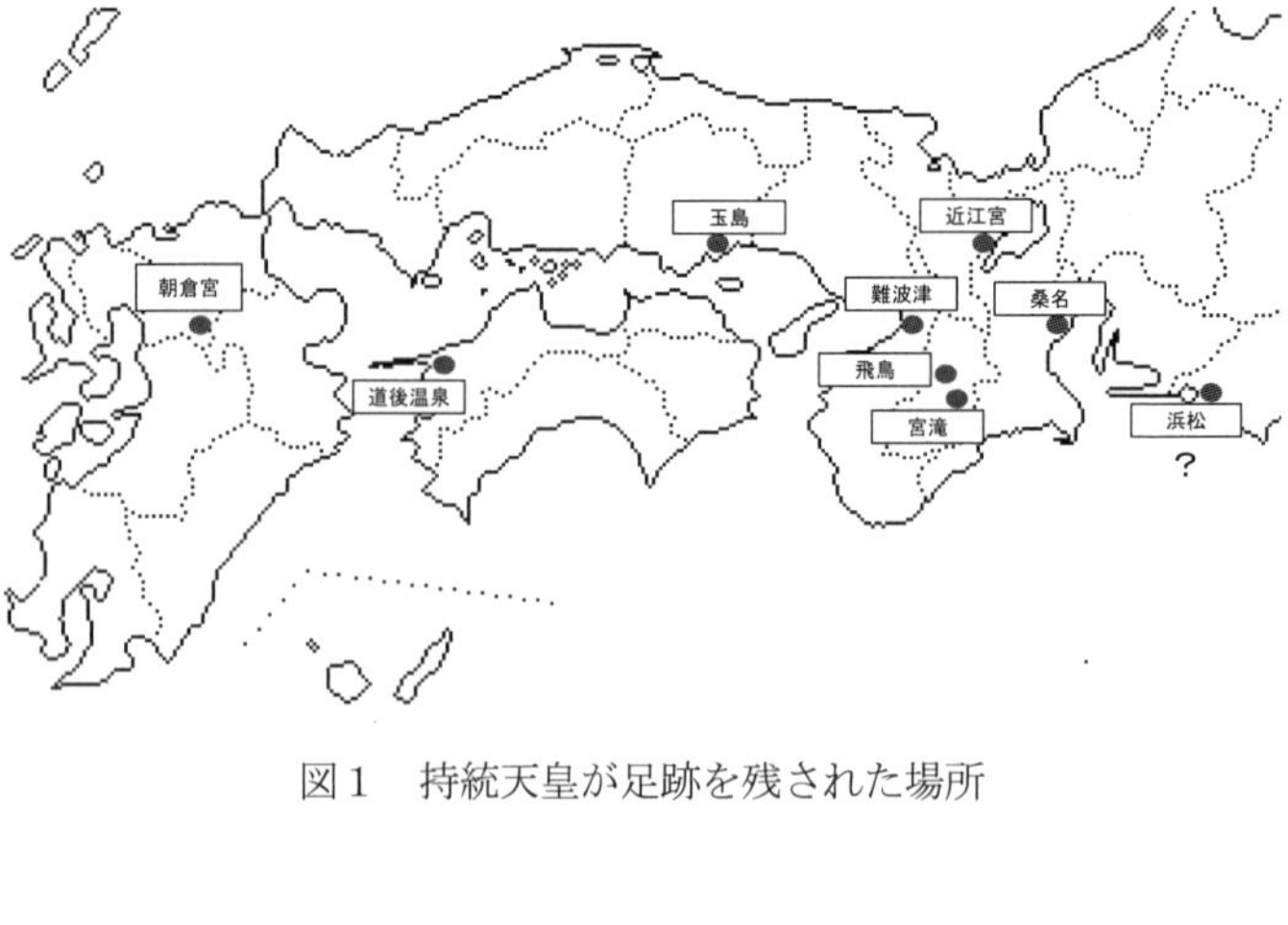

図１　持統天皇が足跡を残された場所

れを考古学者の我々は、藤原京の造営設計段階の歌だと考えている。藤原宮の大極殿の地下には、運河・沼地があったため、その景色を詠んだ歌だったのではないかと思っている。

また、持統天皇は仏教の興隆に努めた。発掘調査で見つかっている全国の寺跡の数は、天智天皇以前の段階では約五〇寺跡程度。それが藤原京の時代になると約五〇〇寺跡にも増加した。寺院の造営には多額の労働力や資材が必要であり、これには天武・持統両天皇の意向が強く働いたのだと思う。

持統天皇と吉野宮

さらに、持統天皇は吉野宮に何度も行幸している。飛鳥・藤原と吉野の関係は、唐の長安の宗教的地形思想に似ていて、それを意識していたと、私は考えている（「吉野・大峯熊野三山の結びつき」『世界遺産熊野古道と紀伊山地の霊場』二〇一六年ブックエンド　九八頁〜一一三頁）。道教の思想に基づくなら、長安から見て神は小南山である秦嶺《しんれい》山脈にいると考えられていた。その南には大川がある。長江である。さらに南には南山として湖南省以南の山々があった。これを飛鳥・藤原にあてはめると、小南山は高取山山系、大川が吉野川、南山として吉野から熊野まで続く山々があるということになる。そこで、飛鳥時代の人々は、吉野山から太平洋まで続く山々に神仙境があると考えたのだろう。ここに、さらに観音信仰が加わった。観音菩薩は、南の大海の小島に居られる。至るのは困難な道のりである。のちに奥駈道と言われる修験の道は、神仙をさらには観音菩薩を求める道であった。

奥駈道の文字による最も古い記録は、十一世紀の書写になる。宮内庁所蔵諸山縁起集である。それには、熊野から北へ北へと「宿（しゅく）」が記されている。宿は、宿舎ではなく、神が宿（やどる）場所を示している。このため修験では、熊野から北へ向かい、金峯山を経て吉野に至る。この北上することを順峯（じゅんぶ）といい、吉野から南下することを逆峯（ぎゃくぶ）という。前者は天台の峯入り、後者は真言の峯入りともいう。天台の優位を主張する根拠の一つともなっているが私は、そのように解釈はしていない。

飛鳥・奈良時代、多くの信仰は、観音菩薩信仰であった。観音菩薩は、南の海の小島に居られると観音経に書かれている。諸山縁起集は、観音菩薩に近い熊野を一番とし、遠い吉野から観音菩薩の熊野（青岸渡寺であり、熊野大社）に近づく道筋を示していると言っても良い。さきに記した神仙境への道は、観音様に近づくための道でもあった。

これが今回の話の中心を占める。神仙境・道教・修験の三つが、今回のキーとなる。

持統天皇と修験

持統天皇は、仏教の振興に努めただけでなく、神仏習合の接着剤の役割を果たした修験とも関係していると考えている。吉野宮（宮滝）に三三回も行幸した持統天皇だが、その目的は未だ完全には解明されていない。そこで、私は持統天皇の吉野への行幸に、役小角との結びつきがあったと考えたい。

役小角は、後世では修験の開祖とされている。役小角には多くの奇異譚などが付加され、実像はほとんど明らかではないが、『続日本紀』に卒伝があるので、実存した人物であることは、共通認識となっている。修験は、将来を予測する予知能力―例えば今年は豊作か不作かなど―。過去をよみがえらせる能力。病気―なかでも精神的なものを治す作用。さらに草薬や石薬を作る能力。つまり薬剤による治癒能力にも秀でていた。

持統天皇の一〇年におよぶ治世は、役小角など、広い意味で後世の修験と言われる考え方に寄りかかっていたのではないかと思う。修験仏教だけでなく、そこに道教的なものなどを習合させていったのではないか。

神祇・仏教・道教は、天武・持統朝に熱心に考えられていた【図2】。伊勢神宮の最初の式年遷宮は持統四年（六九〇）に行われている。仏教も、薬師寺の建立など、国家的な振興が天武・持統朝にかけて行われた。道教としては、天武天皇が良くされた天文・遁甲《とんこう》や四神思想などと関わりがある。四神思想は、キトラ古墳・高松塚古墳の壁画と薬師寺薬師三尊像の台座に明確に表現されている。壁画古墳の被葬者はともに天武の皇子に擬せられていて（高松塚古墳の被葬者を石上麻呂とする学説もあるが、私はとらない）、薬師寺も天武天皇が発願している。こうした様々な信仰や思想が、持統天皇のもとで修験として結びついていった。もちろん、律令制は、儒の思想に基づいているので、儒も無視されていなかったと思う。各地から論語木簡などが発見されていることは、このことをよく示している。

	神祇	仏教	道教	儒
日本でのはじまり	古くから	500年代に百済・新羅・隋から入ってくる。	400年代以前に伝わったか？	500年代から伝わる
概要	自然物崇拝と人物（祖先神）崇拝	釈迦の教え	秦漢からの思想で多くの内容を含んでいる。	孔子の思想
教育の仕方		『僧房』での教育、のちには『師弟相承』になる。	『書物』よりも『師弟相承』の傾向が強い。	『大学』での教育
天武・持統	伊勢信仰の始まり	国家の寺（舒明天皇の高市大寺）。天皇家の寺をつくる。（本薬師寺など）	天文遁甲、神仙思想、四神思想など	木簡に論語や孔子などを習書している。千字文もある。
役小角に始まる	神仏習合　一般的には、神護景雲三年（769）の宇佐八幡の神託からというが、わたしは、天武2年頃からと思う。			
文武天皇			699年5月妖言をなし、世を惑わしたとして役小角を伊豆に配流する。	
聖武天皇	大仏建立・国分寺・国分尼寺を命じる。			
空海	空海の『三教指帰』（仏・道・儒）では、仏教を最上としていたことを批判している。			

※神道の用語は平安時代初期から。
※儒教の用語は陽明学以降で、それより以前は儒

図2

持統天皇の不安とその解消

持統天皇は、多くの政策課題・政策目標を抱えていた。一般にアイアンレディというイメージを持たれているようだが、実際はそうではなく、ナイーブな人だったのではないだろうか。天武・持統朝は、気候的には小寒冷期にあたっていた。米の収量は落ちていた。そのためか、水分《みくまり》や山口、風の神を祀ることも、天武の頃から始まっている。古代では、天変地異や農作物の被害などは、儒の思想では、天皇の不徳によるものだと考えられていたため、風雨順調を祈り、農業生産の安定を実現させる必要があった。

また、政変の多い飛鳥時代を生きた持統天皇は、天武皇統が万世であることを願った。これは、正倉院宝物の赤漆文欟木御厨子《せきしつぶんかんぼくのおんずし》からも裏付けられる。この厨子は、「東大寺献物帳」によれば、天武―持統―文武―元正―聖武―孝謙・称徳の七代に相伝されたものであり、天武皇統という意識が強くあったことを思わせる。

長野県の戸隠《とがくし》神社には、正倉院に収められている象牙の通天笏とミリ単位で同じ大きさの象牙の通天笏が伝えられている。しかも、その象牙の通天紋は正倉院のものよりも美しい。正倉院の笏の大きさが尺寸単位まで公開されたのは明治になってからで、ミリ単位の法量の公表は二十世紀後半であるので、後世の贋作ではない。持統天皇が遠江に行ったという伝承があることを冒頭で紹介したが、これは持統天皇が副都建設のために伊勢から海を渡って遠江に行き、そこから使者を派遣して信濃の戸隠、つまり荒ぶる神に笏を捧げて祀ったのではないかと考える。このことについては、信濃の一宮である諏訪の神でなく、戸隠の神であるのか。また戸隠の神は一説では古くは、長野市の善光寺近くの丘陵上に鎮座していて、その頃は荒神ではなかったとも言われることがある。これらは新しい史・資料の出現をまたねばならないと思う。

また、天武・持統天皇は、文化水準を向上させ、『続日本紀』大宝元年元旦の記事にあるように「文物之儀、是於備矣」ということを目指した。それは、政治の安定により「萬民快楽《ばんみんけらく》」――これは仏教の言葉だが、この「萬民快楽」を実現することを国家究極の目標としたためである。

こうした風雨順調を祈る対象が神祇信仰に加え、仏教信仰であった。「萬民快楽」を願う持統天皇の気持ちが、やがて後世に言われる修験へと向かっていったのではないだろうか。

権力者は孤独である。持統天皇にとっても、相談すべき貴族は周りにいただろうが、孤独であったのだろう。そのような時に、葛城山にいて「咒（しゅ）」を使うと評判の役小角がいることを知り、頼ったとは考えられないだろうか。『日本霊異記』には、「孔雀王の咒法《しゅほう》を修持《しゅじ》し、異《めずら》しき験力《げんりき》を得て、現に仙と作《な》りて天に飛ぶ縁」（上巻第二八縁）として、役小角が鬼神を使役し、海の上を走り、空を飛んだという話が収録されている。『日本霊異記』は、延暦六年（七八七）頃に原撰本が成立したとされており、これは『続日本紀』成立の延暦一六年より早い。『続日本紀』にも、役小角が鬼神を使役したという記載はあるが、『日本霊異記』の方が『続日本紀』よりも実態に近いことを記録している可能性があると思う。なお、法華経には、鬼神を使役する話があり、前鬼・後鬼のモデルとなった。つまり、持統・文武朝の人々は、役小角のことを、『日本霊異記』に記されているような能力のある人物だと考えていた。そこで、持統天皇が役小角を頼るようになったのではないか。

『続日本紀』文武三年（六九九）の記事には、役小角が国家を転覆させようと「讒言」したために捉えられ、伊豆に配流されたとある。国家を転覆させようとした疑いをかけられたということは、裏を返せば役小角が国家の中枢に近いところにいたということになる。この観点は従前の役小角研究ではほとんど看過されていた。

しかし、二人は接触できたのであろうか。無位で、公度僧でもない役小角が藤原宮に頻繁に行くわけにはいかないだろう。そのために、私は二人が出会う場所を吉野の宮滝に求めたい。つまり、持統天皇は、神仙境とされる吉野において、役小角に風雨順調などを祈らせ、安定した国家運営を目指したのだと考えるのである。

その後、持統天皇が文武天皇に譲位してすぐに役小角は捉えられている。これは、あまりに国家の中枢に近いところにいたがために、律令の制定を行った文武天皇としては許せることが出来ないのは当然であり、捉えさせたということではないだろうか。

役小角が『修験』の開創であるという考えは、かなり後世になってから広まっている。古くからの、たとえば、和歌森太郎らの研究では、「山伏」の用語の初出が、修験の始まりとされることが多かった。また、「修験」の用語は、室町時代に初めて現れるらしい。修験の行の中心である。抖擻《とそう》は、すでに奈良時代に始まっており、大峯山脈を抖擻する奥駆道は、その代表であることが考古学によって証明されている。護摩は、密教以前も、雑密（たとえば陀羅尼咒経などを所依として行う）もあった。護摩行などをも役小角に集約することは、宗教教団的には正しいと思うが、考古学・歴史学による調査研究とは、かなり異なっていると言えよう。

役行者は、文武天皇の勅勘を賜って伊豆流刑されている。それから一一〇〇年ののちに江戸時代の光格天皇の寛政十一年正月二十五日（一七九九）に、神変大菩薩の菩薩号を下賜されている。修験にとって大慶事であったが、光格天皇の玄孫である明治天皇によって、「修験道廃止令」が発布されたことは、歴史の不思議と言わざるを得ない。

発掘からみえる悲劇の宰相　長屋王

田辺征夫

はじめに

奈良の都、平城京は他の古代の都と比べて、その実態の解明が進んでいます。それは、宮殿である平城宮跡の発掘が、五十年以上にもわたって継続されていることに加え、街である平城京においてもかなりの面積の発掘が実施されてきたからです。

なかでも昭和六十一（一九八六）年から平成元（一九八九）年まで実施された平城京左京三条二坊一・二・七・八坪でのデパート建設に伴う発掘によって見つかった邸宅は、その規模が最大級であるだけでなく、はじめてその居住者の名前が特定でき、しかも歴史上の重要人物であ

る長屋王であったことで極めて重要な成果をもたらし、大きな話題にもなりました。そしてここから出土した大量の木簡をはじめとする膨大な考古資料は、平城京の実像を豊かに復原するまたとない資料でもあります。

もうすでに三十年近くが経っていますが、その発掘の意義は少しも変わることはありませんし、膨大な出土木簡の研究はいろいろな形でいまも進められているといってよいと思います。ここでは、そのときの発掘を考古学の立場から振り返り、それまでほとんど実態のわからなかった長屋王の実像に発掘がどのように迫ったかを見てみようと思います。

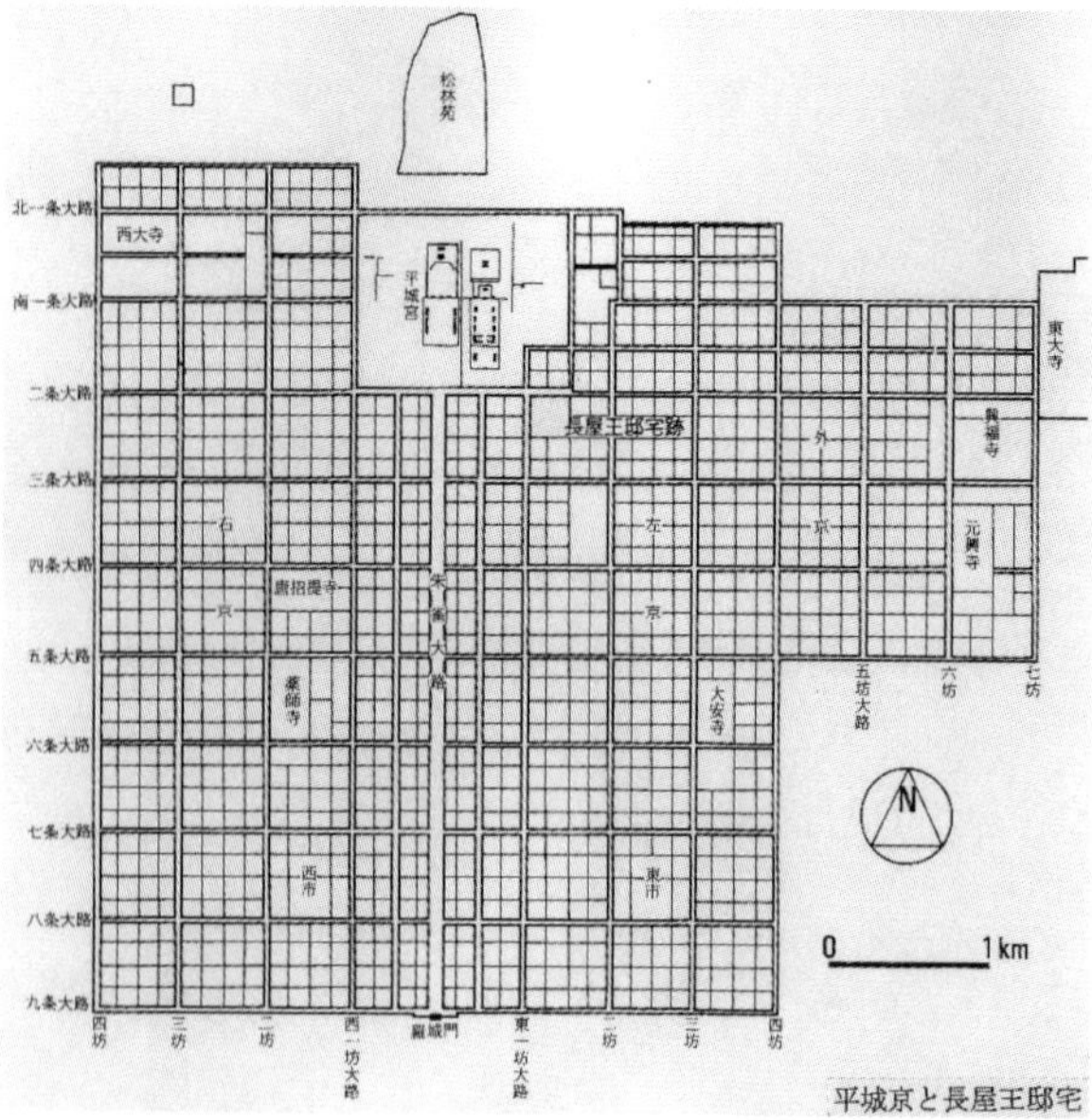

第一図　平城京と長屋王邸宅

一　発掘があきらかにした長屋王邸

平城宮跡の東南角に近い平城京左京三条二坊一・二・七・八坪の当時のいわば一等地にある場所で、敷地がおよそ四万平方メートルにおよぶデパートの建設計画が持ち上がったのは、昭和五八（一九八三）年のことでした。その後、多少の経過を経た後、事前の発掘調査が先述の期間実施されました。発掘された面積は、敷地のおよそ四分の三にあたる約三万平方メートルで、通常の開発に伴う発掘に比べて破格の大面積になり、開発側の全面的な協力なしには実現できない発掘でした。

最初から広い発掘面積を設定していたので、早い段階で全体像が見え始めました。次々と見つかる大きくて整然と並ぶ掘立柱建物の柱穴が重複していくつも展開する様は間違いなく大邸宅であることをうかがわせ、早くからここの住人が誰かという議論が起こったものでした。しかし、その特定は最終段階での大量の木簡が見つかるまで答えが見つからなかった、といっても良いでしょう。

発掘によってわかった邸宅の主な様子を箇条書きにして簡単にまとめておきましょう。

①敷地の面積が、四町つまり四坪分を占めること。平城京など古代の都では、敷地は位に応

じて与えられました。四町という面積は、大臣に与えられる広さです。四坪ですと敷地の中央に十文字に小路が通るはずですが、それがありません。つまり平城遷都当初からこの四町の敷地は確保されていたことになります。現在の面積で表示するとおよそ六万平方メートルの大邸宅です。余談ですが、一つ前の藤原京では、まず碁盤目の道路計画が実施され、その後に敷地が配分されたようで、宮殿である藤原宮の中にも道路状痕跡があります。それに対し、平城宮の敷地内では碁盤目の道路状痕跡が見つかっていないため、都市計画の段階から予定されている敷地は確保されていたと考えられます。とするとこの邸宅も同様で、これは、大変重要な問題です。

②邸宅の北側に少し小さい門が見つかりました。北側は、東西に二条大路が通っています。二条大路は、平城京の正門である朱雀門の前を通る幹線道路で、朱雀大路に次ぐ路面幅約三十二メートルの大路です。律令の規定では、三位以上の貴族でないと大路に門は開いてはいけないことになっています。小さいとはいえ門を開いていたことは間違いないのです。

③邸宅内部は、塀が縦横にめぐり、いくつもの区画に仕切られ、機能別に分かれていたことがわかりました。中心部分には、正殿と思われる大きな建物があり、ここが戸主の居所と考えられています。また、瓦が相当数出土することから、邸宅内に瓦屋根の建物があった

ことがわかります。厳密には、どの建物か特定できませんでしたが、長屋王が左大臣を務めていたときに藤原武智麻呂の建言で可能なものには瓦屋根を奨励したことが知られており、それとの関連もあって興味深い事実です。

④最大の発見は、邸宅東端にあるごみ捨て溝から約三万五千点にもおよぶ大量の木簡が見つかったことです。もちろん大半が破片や削りくずですが、完全なものだけでも数千点あります。その内容は、邸宅に運び込まれた食料品などの荷札、邸宅内部でやりとりされた文書、邸宅の外からの文書など、多岐にわたり、すべてこの邸宅の家政機関を通じてやりとりされたものです。そして、衝撃的だったのは、ここに長屋王と妃である吉備内親王の名前が頻繁に登場することです。

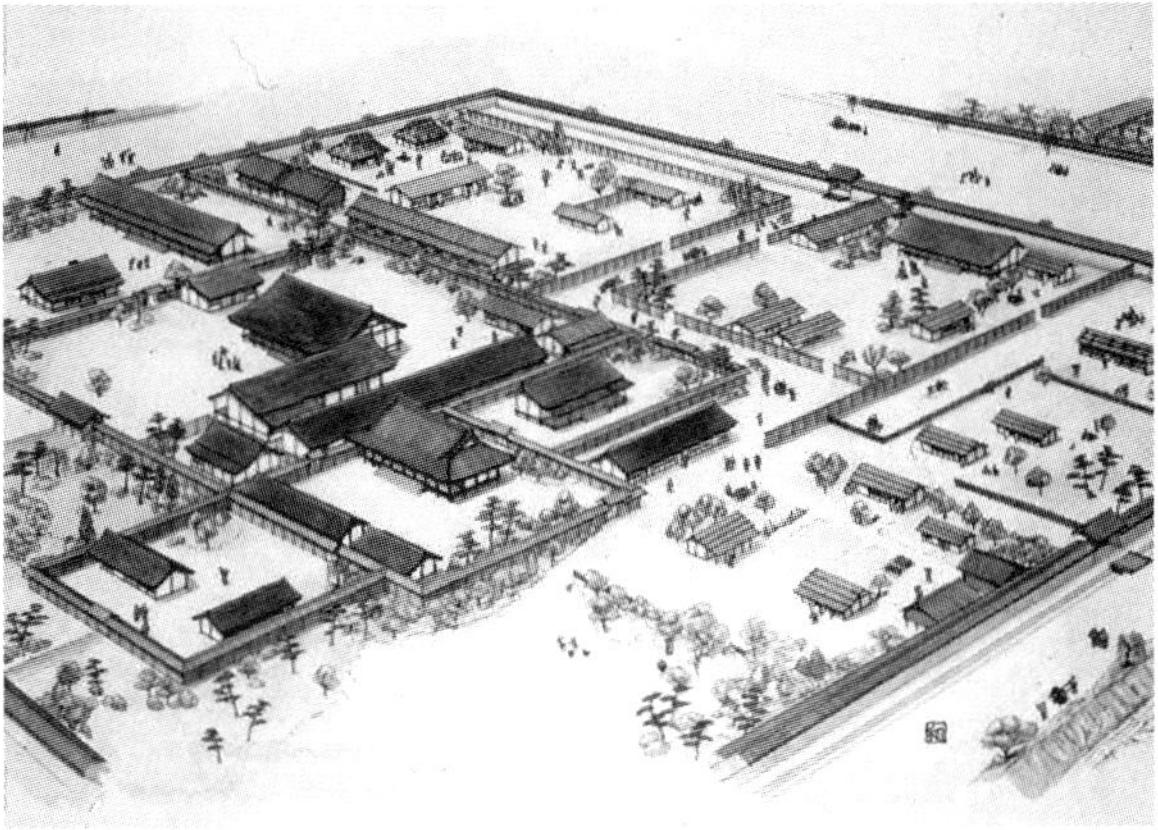

第二図　長屋王邸宅の復原図（早川和子氏作）
提供元　奈良文化財研究所

第三図　長屋王木簡溝の発掘

第六図　食料関係木簡

第五図
吉備内親王木簡

第四図
長屋親
王木簡

提供元　奈良文化財研究所

機関名	役職・職人名	備考
長屋王家令所奈良（楢）宮・奈良宮務処・奈良務所・務所・司所・政所	家令・書吏 御所人・侍従・政人・司人・帳内 少子（36人）／鎰取少子・司少子	中枢機関
帳内司	帳内／若翁・鋳物所・綿作所・□作処・鏤盤所・工司 沓敷藁刺・帙作・書法所・文校・画師・仏造・ 馬司、丹波杣・都祁遣 資人	帳内の管理
主殿寮・主殿司 机立司	仕丁、採松、油持 （司掃守、掃守・雇人）　《設営関係？》 《設営関係？》	衣食住関係
大炊寮・大炊司	女	
膳司	膳部、荷持	
菜司		
酒司・御酒醸所	仕丁	
主水司・水取司	仕丁・厮	
氷司		
縫殿	縫殿女（縫殿神祭）	
染司	染女	
綿作所＊		
	牛乳持参人・煎人	
工司＊	工、散位寮、仕丁	生産関係
御鞍所・御鞍作所・御鞍具作司	背替縫・褥縫・羈縫・御鞍具人	
鋳物所（処）＊	鋳物師・長・雇人	
鏤盤所＊	長・銅造・雇人	
銅造所	銅造手人	
？所＊	須保弖・沓縫・薦縫・革油高家・沓敷藁刺帳内	
□作処＊		
	轆轤（露）師・轆轤木切使雇人、気作、鍛冶、土塗・厮椅作工、木履作人、琴作人、金漆人、銀銅打、要帯師（造）奈閉作、土師（作）女・雇人、物作人、御弓造兵舎人、矢作、大刀造、箽作衛士、（司皮作） 百枝亭萇造、白志丁造	
	御垣塞厮	修造関係

表一　長屋王邸に所属する諸機関
邸宅内の機関（1）

機関名	役職・職人名	備考
嶋造司		庭園関係
書法所＊	経師、紙師、秩（帙）師・帙作帳内・造生・雇人 装潢、書法模人・書写人、文校帳内・校帳内 （司紙借用人）	写経・絵画関係
	画部・画師・画写人、障子作画師・障子作人	
仏造司＊ 斎会司	仏造帳内、厮 （旦風悔過文・斎会）、供養始人	宗教関係
	僧・舎弥・尼・乞者 宮内神祭、柱立所祭、縫殿神祭、大窪神、打蒔・打散 巫、伊豆国造・従（卜部）	
薬師処	医、女医	医薬関係
	博士	学問
馬司・馬寮＊	馬作医、馬甘、馬曳（5人）（御馬屋犬） 馬甘仕丁、雇人、草運雇人（馬蒭）／馬	動物の管理
犬司	少子／犬（6頭）・子生犬（1頭）・越犬	
鶴司	少子／鶴	
	牛	
税司	津税使、伊勢税司、武蔵税司、下総税司、出雲国税使	財政関係？
	（衛士・仕丁など） 散位寮、御弓造兵舎人、衛士・厮、篭作衛士 仕丁・厮、立丁、輿篭持厮（8人） （雇人） 右京職雇民（持草）、河内絹持雇人、□司雇人 下総役人、土師（作）女雇人、須理作雇人、屏風持雇人 米運雇人・俵運雇人、贄持、薪取・薪運厮・薪取使雇人 柏取雇人、津縄持、?取遣雇人、葛取雇人・葛取持丁 □張真編雇人・店□雇工 （雑） 舎人、女竪、大宮殿守 司々充仕丁、車借人、草運人、□調持役丁、桁作 狛人、新羅人、百済人、隼人 奴（87人）・婢（111人）、隠伎奴婢	
西宮　内親王御所・吉備内親王宮 安倍大刀自御所 石川夫人御所	西宮少子 馬甘若翁御湯曳人、忍海部若翁乳母（2人）・女竪 紀若翁乳母、林若翁帳内、太若翁犬 若翁少子・帳内・博士・犬 桑乳母・中臣乳母	
門部王宮		
竹野王子宮（御所）	女医、奴婢、山寺（雇人を派遣）	
山形皇（王）子宮	帳内、女竪、御湯曳人	

＊は帳内が配備されていた部署　（　）の数字は木簡にみえる最大数

邸宅内の機関（2）

機関名	木簡にみえる関係者・施設など	推定所在地
宇太御□	仕丁・斲	奈良県宇陀郡／大阪府泉南市兎田
片岡司	道守真人・白田古人・倭万呂 御薗（将）作人、持人；都夫良女・宿奈女、持丁；木部足人・桧前連寸嶋・守部麻呂・稲万呂・大万呂・□万呂	奈良県北葛城郡王寺町・香芝市
木上司 （城上） 木上御馬司	忍海安麻呂・新田部形見・秦廣嶋・甥万呂・豊嶋 持人？；各田部逆・稲末呂 石女・稲津女・曽女・都夫良女・把女・身豆女・□都女	奈良県北葛城郡広陵町／同橿原市
佐保	額田部児君	奈良県奈良市
都祁司 都祁宮 都祁氷室	火三田次、帳内 進上？；安倍色麻呂・伊宜臣足嶋・他田臣万呂・借馬連万呂・狛多須万呂・□田主寸麻呂 雇人	奈良県天理市・山辺郡都祁村
廣瀬		奈良県北葛城郡広陵町
耳梨御田司 （无）	太津嶋 進上；婢間佐女	奈良県橿原市
矢口司	太津嶋・伊香三狩 進上；私部亥万呂 酒虫女・多々女・殿女 桑乳母・中臣乳母	奈良県橿原市（香久山南辺；天武元年7月癸巳条の八口）／同大和郡山市
大庭御薗		大阪府守口市大庭町／同堺市大庭寺
渋川御田	奴末麻呂	大阪府八尾市渋川町
高安御田司		大阪府八尾市高安
山背御薗司	（置始）国足・軽部朝臣三狩・山辺大人 持人？；諸月・奴稲（否）万呂・奴布伎・少子部安末呂 婢女子米万呂 雇人、御田芸人（御田10町）	京都府／大阪府南河内郡河南町山城
狛御田司		京都府相楽郡山城町
山口御田司	山口御田；作人	？
丹波杣	帳内	京都府中部・兵庫県北部
山処	塩殿、雇人	？
炭焼処		？

——は進上状の署名者

邸宅外の機関

これらの木簡の分析の結果、この邸宅が長屋王の邸宅であり、そして吉備内親王が同居していることはまず疑いのないところとなりました。ほかに人名としては石川夫人、安倍大刀自などの側室、姉妹と考えられる竹野女王、そして子供たちの名前が含まれます。大邸宅の中の家族構成に新たな視点をもたらしました。さらに、長屋王の家政機関に付属する形で吉備内親王の家政機関があり、両者の間でも文書のやりとりがあります。邸宅内には、長屋王家令所、政所などの中枢機関、主殿司、大炊司、膳司、酒司など衣食住の機関、工司、鞍具司、鋳物所などの生産関係、絵画・写経機関、動物の管理組織、医療関係、財政関係などさまざまな仕事や組織があり、その内容はさながら宮中の組織が移ってきたかのような感があります。塀で細かく区画された邸宅のプランとも密接に関係するのでしょう。

⑤木簡からわかったもう一つ重要なことのひとつに、その支配地の多さがあります。全国三十国以上の支配地から貢ぎ物が届けられています。一覧表にしておきました。これまではとんど知られていなかった経済基盤の大きさにはこれまでの観念を覆すものがありました。他の有力貴族についてもほとんど実態がわかっていないことから、今後藤原氏などの権力基盤を考える上で大きな視点を提供することとなりました。

⑥長屋王家木簡のなかでもっとも注目された木簡は、長屋王のことを「長屋親王」、その邸

宅を「親王宮」、「長屋皇宮」などと記していることです。これは後で述べるように、律令の規定には無い呼称です。そして王の使用人も本来「資人」ですが親王や内親王に与えられる「帳内」となっています。このことが、長屋王をどう評価するか大きな論点になります。

⑦邸宅の東側の水路から多数の墨書土器が見つかり、「中衛府」、「左兵衛」、「右兵衛府」などと書かれていました。これらは、長屋王の変に際し邸宅を取り囲んだ六衛の軍隊の名前です。しかし、邸宅内の出土品のどこにも軍事的な様相を示すものは見つかっていません。

二　長屋王とはどういう人物か

それでは、つぎに長屋王とはどういう人物かをみてみましょう。長屋王の経歴や家系図は表に示しておきました。まず、長屋王は、高市皇子と御名部内親王との間に生まれています。高市皇子は天武天皇の皇子で、皇子たちの中では年長者と考えられていますが、母親の身分が低く皇位継承順位では下位にあったといわれています。壬申の乱では天皇を助けて功績があり、その後も重鎮として皇親政治の中核を担ったようです。しかし、天皇にならなかったためその子である長屋王は、律令の規定に従って親王ではなく王になります。一方、妃の吉備内親王は、

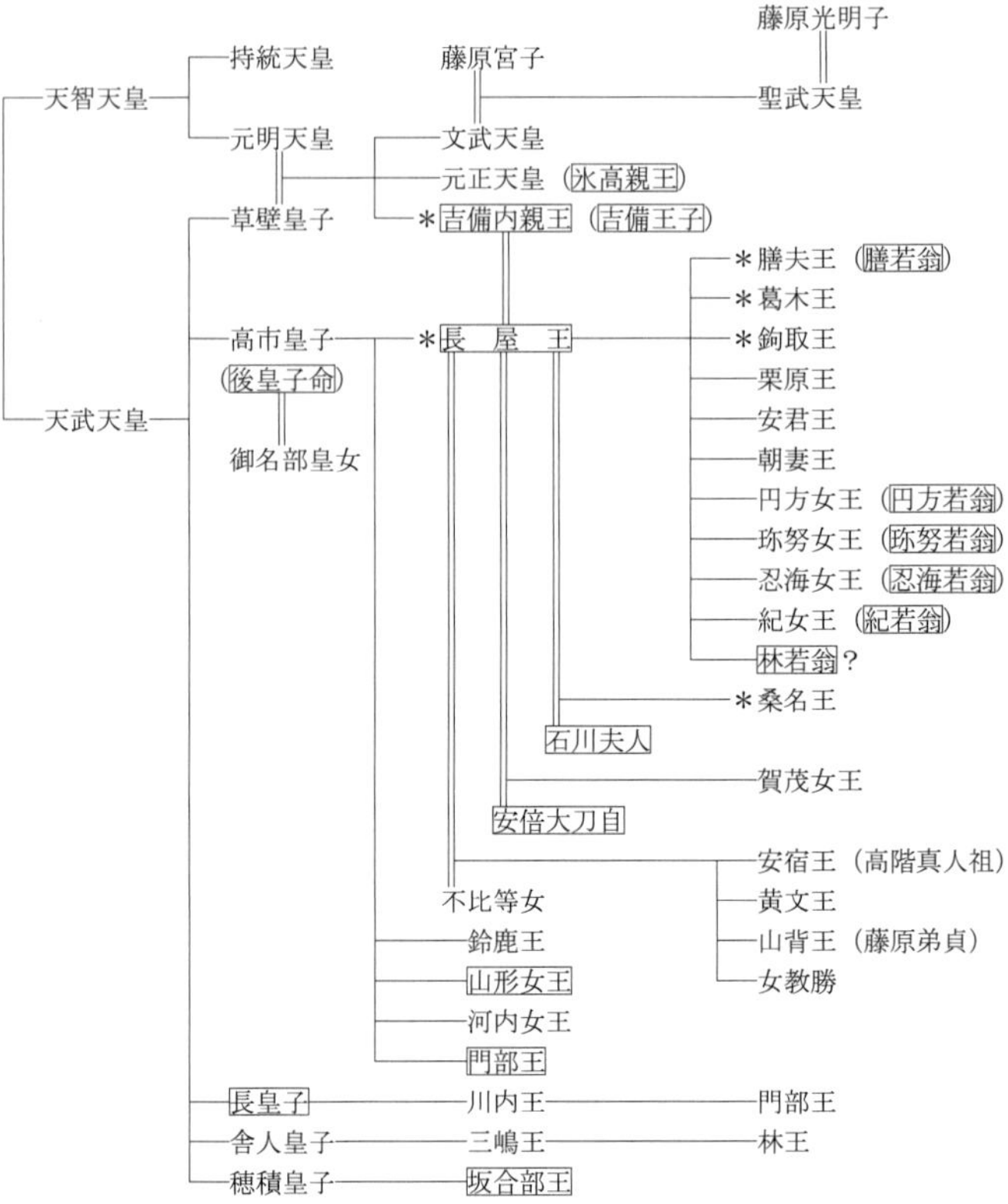

□は木簡にみえる人物

＊は長屋王の変で自尽した人物

（桑田王、賀茂女王の母については『本朝皇胤紹運録』『万葉集』を参照した）

系譜不明で木簡にみえる人物は以下の通り

（※は『日本古代人名辞典』で比定できそうな人物）

竹野皇（王）子※　矢鉤王※　田持王　額田部王　粟田皇子※　石川王※

太若翁　馬甘若翁　小治田若翁※

表二　長屋王家系図

父が天皇即位を期待されながら亡くなった草壁皇子、母が元明天皇、兄が文武天皇、姉が元正天皇と、ばりばりの天皇一族で皇位継承権もある内親王です。そのことが何となくこれまで長屋王の位置を軽く見る要因になっていたのかも知れません。

略年表を見ますと、長屋王は天武天皇の時代に生まれています。生誕年には二説あり、どちらをとるかによって十才近い開きがあります。四位という高い位にいきなり就いたのが、二十代かあるいは三十代ということになりますが、平城遷都の少し前には従三位になり宮内卿や式部卿を務めています。律令官人たちは普通、親の位を引き継げず、下から上がっていくのですが、一部高級貴族は「陰位の制」といって高い位から始めることができたのです。やはり長屋王は毛並みが良かったと言うことでしょう。それにしても、最初から大臣クラスの四町の宅地が与えられたのは、彼自身の身分によるというより父親の高市皇子の藤原京での地位を引き継いだと見る

年次	年齢 A	年齢 B	事項
676（天武5）	—	1	（誕生）
684（天武13）	1	—	（誕生）
704（慶雲元）	21	29	無位→正四位上
？			正四位上→従三位
709（和銅2）	26	34	宮内卿
710（和銅3）	27	35	式部卿
712（和銅5）	29	37	（和銅経）
716（霊亀2）	33	41	従三位→正三位
718（養老2）	35	43	大納言
721（養老5）	38	43	正三位→従二位、右大臣
724（神亀元）	41	49	従二位→正二位、左大臣
728（神亀5）	45	53	（神亀経）
729（神亀6）	46	54	長屋王の変

＊年齢Aは『尊卑分脈』、年齢Bは『懐風藻』による。

表三　長屋王略年表

べきでしょう。あるいは、吉備内親王の存在も考慮されていたのかも知れません。

そして遷都後十年を経ったあたりには、従二位の右大臣を経て神亀元（七二四）年に正二位の左大臣にまで上り詰め、いわば律令政府の首班となります。和銅から神亀年間と言えば、平城京の都づくりの基礎を固める重要なときです。この時期に政府の中核にいて首班を務めたと言うことは、長屋王の政治家としての能力が高く評価されていたと見て良いでしょう。発掘成果は、その背景にある実質的な長屋王の力を証明したと見ることができます。

三　特異な長屋王の変

『続日本紀』によれば、「神亀六（七二九）年二月十日、左京の住人、従七位下の塗部造君足と無位の中臣宮処連東人らが、『左大臣・正二位の長屋王は密かに左道を修得し、国家を傾けようとしている』と密告した」、と書かれています。何の前触れもない突然の記述ですが、これに対する対応は早く、「天皇は、その夜直ちに使者を三つの関所（鈴鹿・不破・愛発）に派遣して守護させ、同時に従三位藤原宇合らをして六衛の軍隊を率いさせ邸宅を包囲した」、「翌十一日には、一品の舎人親王と新田部親王などを派遣して罪を追求し尋問させた」、さらに「十二日には、長屋王を自害させ、その妻で二品の吉備内親王、息子の従四位下の膳夫王、無位の桑田王・葛木王・鉤取王らも首をくくって死んだ」、とあります。

長屋王の変は、事変の発覚も突然ですが、その後の処置の早さも異常ですし、それにもまして不思議なのは、一端捕らえられた邸内の人々もほとんどがしばらくして無罪放免になり、長屋王の子供も女子や藤原不比等の娘との間にできた子供らは男の子もことごとく放免され、それどころか一月ほど後には録まで支給されていることです。連座制が適用されていません。王らの自殺の翌日には、天皇は、遺体を生駒山に葬らせ、勅を発して「吉備内親王には罪がないから前例により葬送すること、謀反人とはいえ長屋王は天武天皇の孫で、高市皇子の子であり、吉備内親王は草壁皇子の娘である」と。

長屋王の変が、冤罪事件であったことは、当時から知られていたらしく、『続紀』によれば、事変から九年ほど経った天平十（七三八）年七月十日の殺人事件について次のような記述が出てきます。「左兵庫少属の従八位下大伴宿禰子虫が、右兵庫頭、外従五位下の中臣連東人を刀で斬りつけ殺害した。子虫は以前に長屋王に仕え厚遇を受けていた。たまたま東人と同じ部署での勤務となり碁を打つうち、話が長屋王のことにおよぶと憤激して刀を抜き斬りつけた。東人は、長屋王を密告した張本人であった」と。この時の密告のことを『続紀』は「誣告」と記しています。誣告とは偽って密告することです。律令政府編纂の正史にこのように書かれていることは重要なことでしょう。

長屋王の変の異常さは、その後におこった橘奈良麻呂の変や藤原仲麻呂の乱と比べるとよくわかります。次に、長屋王滅亡の背景をどう見るか、考えてみましょう。

四 長屋王の変の狙いと背景

平城遷都の頃の政治情勢を見ると、天武天皇以来の皇親政治とはいえ、遷都に強い力を発揮したとされる藤原不比等が大きな力を持ち、武智麻呂、宇合、麻呂、房前ら四人の子供たちも順次着々と政府の中枢に入ってきていました。そして、元明、元正と二人の女帝で天皇の位をつなぐ間に、聖武天皇の即位に期待を寄せている時期です。聖武の正室には不比等と橘美千代の間に生まれた光明子が入っており、その外戚としての藤原氏が大きな野心を燃やしている様子が見て取れます。

そうした中、もともと血筋が良く、発掘で解明されたような経済力もあり、どうやら政治的にも有能であった長屋王の存在は、無視できなかったのではないでしょうか。そうした中、気になる出来事があります。

一つは、霊亀元（七一五）年二月、元明天皇が、長屋王と吉備内親王の間に生まれた男の子を皇孫扱いにしたことです。これは『続紀』にもさりげなく出ていて見落としがちですが、もともと直接の皇位継承権をもたない長屋王の子供にその権利を付するもので大きな意味があります。勅では三品吉備内親王の男女とされています。

もう一つは、聖武天皇が即位したとき母である宮子夫人をどう扱うかを定めた勅に対して、長屋王らが意見をしたことです。宮子夫人は不比等の娘で文武天皇の后となり後の聖武天皇を生みましたが、臣下の出であることから聖武天皇が遠慮をしたのか、通常天皇の母に対する尊号である「皇太后」と呼ばずに「大夫人」とします。これに対して、長屋王が、この呼称は律令の規定にないのでどのようにお呼びすればよろしいでしょうか、と疑義を挟んだのです。天皇は、直ちに勅を撤回し、書くときは「皇太夫人」とし読みは「大御祖（おおみおや）」とあらためました。天皇の勅を撤回させたことは、天皇にとっても藤原氏にとっても大きな衝撃だったのではないでしょうか。これは、いずれ臣下の正室である光明子を皇后にと考えていた彼らにとって大きな障害に思われたことでしょう。私は、この二つの事件が長屋王の変の大きな伏線にあったと思います。

そして決定的だったのは、神亀四（七二七）年閏九月二十九日に光明氏との間に誕生した皇子が一歳になるかならないかの翌神亀五年九月十三日に亡くなったことです。待望の男子であったために、生まれて間もなく聖武天皇は皇太子にします。これは異例のことです。なお、皇統を継ぐ男子は、神亀五年に県犬養広刀自との間に生まれた安積親王がいますが、藤原氏にかかわる親王でなく、後に十六歳の若さで亡くなっているところから暗殺説があります。こうしてみると、皇孫に列せられている長屋王いや吉備内親王の男子の存在は大きな意味を持ってきそうです。

いずれにしても、長屋王の邸宅の発見と、その実態が分かってきたことで、長屋王の変の背景や、その後の歴史的な事件についても、今までとは異なった見方が必要になったともいえる点で重要な発掘であったといえるでしょう。

参考文献

1 (正報告書) 奈良国立文化財研究所『平城京二条二坊・三条二坊発掘調査報告』一九九五
2 (概報) 奈良国立文化財研究所『平城京長屋王邸宅と木簡』吉川弘文館、一九九一
3 田辺征夫『平城京　街とくらし』東京堂出版、一九九七
4 寺崎保広『長屋王』吉川弘文館、一九九九

(第一図〜第六図は、参考文献2、表一〜表三は参考文献1所収の図・表をもとに作成)

越中万葉の文化的意義

坂本信幸

一　万葉文化が浸透した土地高岡

富山県高岡市。この町ほど『万葉集』が浸透した地はないといってよい。その理由として、全国に魁けて、昭和六十一年に市制一〇〇周年事業のひとつとして計画され、『万葉集』に関心の深い全国の方々との交流を図るための拠点として、平成二年十月二十八日に開館した「高岡市万葉歴史館」の存在意義は大きいといえる。

万葉の故地は全国の四一都府県にわたっており、それまでに「万葉植物園」など万葉に関わる施設は全国に存在していた。しかしながら、『万葉集』の内容に踏みこんだ本格的な施設は、それまでどこにも存在していなかった。その大きな理由のひとつは、『万葉集』の「いのち」が「歌」であって「物」ではないため、施設内容の構成が、非常に困難であったからといえる。高岡市は、上代文学会を中心とした学会の方々の協力を得てそれを克服し、調査・研究・情報収集機能、教育普及機能、展示機能、観光・娯楽機能を持つ施設として開館した。爾来、万葉歴史館は、『万葉集』と万葉の時代を探究するため、広く関係資料・文献・情報等の収集・整理・調査研究をおこない、その成果を公開することを運営基本方針として、「展示機能」「教育普及機能」「調査研究機能」「観光交流機能」の四つの機能のもとに諸事業をおこなってきている。

万葉歴史館といった専門施設だけではない。市内には、「高岡市立万葉小学校」、「かたかご幼稚園・かたかご保育園」、「万葉病院」、「特別養護老人ホーム二上万葉苑」、「万葉社会福祉センター」「万葉植物園」、「大伴神社」、「万葉線株式会社」、団地「万葉台」・「かたかご台」等々、保育園から老人ホームまで万葉に関わる名称の施設があり、万葉の名を冠した店舗・企業なども、「万葉寿し」、寿司割烹「万葉」、日本料理「都万麻」、天然温泉「まんよう荘」、道の駅「万葉の里高岡」、スーパー銭湯「かたかごの湯」、高岡カントリー倶楽部「万葉コース」、「高岡万葉ロータリークラブ」等々枚挙に遑がない。和菓子の銘柄も「万葉の梅園」、「家持まんじゅう」、「とこなつ」、「家持巻」といった具合である。

万葉に関わるイベントも積極的に行っている。その代表的な行事が毎年十月の第一金曜日から日曜日にかけて開催されている「高岡万葉まつり」である。「万葉のふるさとづくり」の一環として、昭和五十六年から実施しているイベントで、メインイベントである「万葉集全二〇巻朗唱の会」をはじめ、芸能発表や大茶会、全国万葉短歌大会など多彩な万葉関連イベントを開催し、地域文化の高揚を図るとともに、全国各地へ「万葉のふるさと高岡」をPRしている。

ことに高岡古城公園の中の島特設水上舞台で開催される「万葉集全二〇巻朗唱の会」は、平成三年には、第七回日本イベント大賞「最優秀企画賞」（主催：株式会社インタークロス）を、平成九年には第一回ふるさとイベント大賞「大賞」（主催：財団法人地域活性化センター）と富山県イメージアップ賞（主催：富山県）を、平成二十一年には平成二十一年度富山県功労表彰（主催：富山県）を受賞するなど数多くの受賞歴をもち県内外の万葉ファンに親しまれているイベントである。

また、中西進氏の監修により選定された大伴家持歌を中心とした富山県に関する百首の万葉歌のかるたを、市内の小中学生たちが記憶し、団体戦と個人戦の二種目に分かれて互いに競って取り合う「越中万葉かるた大会」が毎年正月に行われており、五〇〇～六〇〇人の児童・生徒が参加している。平成二十九年には、この年が養老二年（七一八）生まれと推定される大伴家持の生誕一三〇〇年に当たることから、それを記念して、「同時にかるたを行う人数」のギネス世界記録に挑戦。六六二人の人数でギネスの世界一に認定された。単なるイベントではなく、小学生でも郷土の文化に関わる古典である万葉歌を百首は記憶しているということであり、「ふるさと教育」の意義がある。

二 『万葉集』と富山県

こういった万葉文化が浸透した理由は、富山県（旧越中国）には数多くの万葉歌が残されているからである。

犬養孝（『万葉の旅』昭和39年、社会思想社刊）の調査によると、県別の万葉歌所出地名数は、1奈良県（八九七）、2大阪府（二一八）、3滋賀県（一四五）、4兵庫県（一四二）、5富山県（一四〇）、6福岡県（一二九）、7京都府（一二七）、8和歌山県（一二六）……等々となっており、近畿圏を除くと、万葉歌所出地名の最も多いのは富山県となっている。しかも、令制で考えれば、こんにちの大阪府は、令制国としては、河内国・和泉国・摂津国の三国から成っているわけであり、また兵庫県は、播磨国・但馬国・淡路国・摂津国・丹波国から成っているわけであり、逆に、大伴家持が赴任した当時の越中国は、能登国を併合していたので、能登国関係の地名二四を加えると所出地名一六四を数えることになり、国別所出歌数で考えると、越中国は大和国についで所出地名が多いことになるのである。

越中国の万葉歌所出地名が多い理由は、『万葉集』の編纂に大きく関わった歌人大伴家持が、天平十八年（七四六）六月に越中守に任じられ、赴任してから、天平勝宝三年（七五一）八月に帰京するまで五年間越中国に住み、その風土を歌に残したからである。

『続日本紀』天平十八年（七四六）六月壬寅（二十一日）条には、

従五位下石川朝臣名人を内蔵頭とす。従五位下引田朝臣虫麻呂を木工頭。従五位下物部依羅朝臣人会を信濃守。従五位下藤原朝臣宿奈麻呂を越前守、従五位下大伴宿禰家持を越中守。

と任命の記事が載る。一方大和国への帰任については、『続日本紀』に記事は無く、『万葉集』巻十九の以下の歌からその年月を知ることができる。

七月十七日を以て、少納言に遷任す。よりて別れを悲しぶる歌を作り、朝集使掾久米朝臣広縄が館に贈り貽す二首

既に六載の期に満ち、忽ちに遷替の運に値ふ。ここに旧きを別るる悽しびは、心中に

欝結れ、渧を拭ふ袖は、何を以てか能く旱さむ。因りて悲歌二首を作り、もちて莫忘の志を遺す。その詞に曰く

あらたまの　年の緒長く　相見てし　その心引き　忘らえめやも（19・四二四八）

石瀬野に　秋萩しのぎ　馬並めて　初鳥狩だに　せずや別れむ（19・四二四九）

右、八月四日に贈る。

巻十九は家持の「歌日誌」とも称される年月記載歌巻であり、この歌は天平勝宝三年（七五一）の歌であることが判明している。

古代の越中「高志道中国」は、当初高志道後国（越後国）の四郡（頸城郡・古志郡・魚沼郡・蒲原郡）を含む八郡からなる広大な国であったが、大宝二年（七〇二）三月に、「越中国の四郡を分けて越後国に属く」（『続日本紀』）と、現在の富山県の範囲である礪波郡・射水郡・婦負郡・新川郡の四郡となり、その後、天平十三年（七四一）十二月に、「安房国を上総国に并せ、能登国を越中国に并す」（『続日本紀』）と、越前国から分立して成立していた旧能登国（羽咋郡・能登郡・鳳至郡・珠洲郡）を併合、天平宝字元年（七五七）に「その能登・安房・和泉等の国は旧に依りて分ち立てよ」（『続日本紀』）と、能登国を越中国から分立させるまで、能登国を含む大きな国であった。大伴家持が赴任した天平十八年は旧能登国を含む広大な越中国の時代であっ

た。

その越中国府は、現・高岡市伏木古国府の勝興寺一帯の台地にあったと推定されており、古代においては高岡市が越中国の中心であった。

周知のごとく、大伴家持は古代貴族である従二位大納言大伴旅人の長男で、高級官吏であり、歌人でもあった。早く母と死別し、やがて叔母の大伴坂上郎女に育てられたが、父の旅人とも十四歳の年に死別している。

天平十年（七三八）にはじめて内舎人として朝廷に出仕。その後、従五位下に叙せられ、天平十八年（七四六）三月には宮内少輔となり、同年六月、越中守に任じられ、八月に着任してから、天平勝宝三年（七五一）七月に少納言に任ぜられ八月に帰京するまでの五年間、越中国に在任していた。家持は通常の国守としての任務や、東大寺の寺田占定の任務など、官吏として熱心に勤めるほか、歌人として、在任中に二二三首もの歌を詠んでいる。その間に、たった一人の弟であった書持とも越中守として赴任した天平十八年九月に死別している。肉親の縁の薄い歌人といえるが、その悲哀や、都の妻坂上大嬢と離れた寂寥感が、家持を歌人として成長させたといえる。越中国は家持を歌人として開眼させた土地であるとともに、万葉のふるさとの一つといえよう。

家持は少納言に任ぜられて帰京後、天平勝宝六年（七五四）に兵部少輔となり、翌年難波で防人の検校に関わり、このことが契機となって防人歌を収集し、『万葉集』に収録することとなるが、衆庶の歌である防人歌の収集は、国守として領民の声に耳を傾けた体験がなにがしかの影響を与えていると考えられる。天平宝字二年（七五八）に因幡守として赴任し、翌三年（七五九）一月に因幡国国府で『万葉集』の最後の歌（巻二十・四五一六歌）を詠んで以後、延暦四年（七八五）、従三位中納言の地位にあって、兼任していた陸奥按察使鎮守将軍として在任中に没するまで、家持の歌は残っていない。集中には万葉歌人としては最多の四七三首もの歌を残しているが、そのうち二二三首が越中に関わる歌である。家持の歌数は、越中赴任以前の十四年間で一五八首、越中時代以後の八年間で九二首であり、計二十二年間で二五〇首であることを考えると、越中国の五年間は、歌人家持にとって、ひいては『万葉集』にとって、非常に意義のある五年間だったといえよう。

万葉文化が浸透した理由は、数多くの万葉歌が残されているからだけではない。近世期の越中国に『万葉集』という古典を尊重する文化的素地があったからである。加賀前田家三代前田利常は、「加賀ルネサンス」(1)と呼ばれる文化を開花させた藩主であったが、四代の光高が急死した後、跡を継いだ綱紀も学問・文化を大切にする人物であった。前田家の歴代藩主は、多くの典籍を蒐集したが、なかでもみずからの蒐書を「尊経閣蔵書」と称した綱紀の蒐集は、新井白石が加賀藩士であった室鳩巣に「貴国は天下の書府に候へは」(『新井白石全集第6巻』「室新詩評」明治40年、国書刊行会刊)と言ったとされるほどであり、綱紀は藩内に学問・文芸を奨励した。

現存最古の『万葉集』の古写本は、平安時代中期に書写された『桂本万葉集』であるが、書名のもとになった桂宮家旧蔵の前は、この本は加賀藩前田家の所蔵であったことが知られている。『桂本』は、現在三重の箱に納められており、近年作られた春慶塗の外箱の中に、桐の中箱があり、その中の江戸時代初期の金工芸術の粋をつくした金具の付いた内箱に納められているが、その中箱のふた裏に、「此一軸芳春院加賀大納言利家室年来所持…」(此ノ一軸ハ芳春院加賀大納言利家ガ室ガ年来所持セリ)と記されている。利常の娘「富」が桂宮家二代智忠親王のもとに輿入れしたときに、それを婚礼調度品のひとつとして持参したことにより桂宮家蔵となったのである。また、加賀藩前田家旧蔵であったことから「金沢本」と呼ばれるようになった平安後期の書写である次点本の『金沢本万葉集』は、黒漆蒔絵の箱に納められた内箱のふた裏に綱紀の筆で「此万葉集者我祖考之蔵書也。以漢倭之字様書之稀代之好書也」(此ノ万葉集ハ、我ガ祖考ノ蔵書ナリ。漢倭ノ字様ヲ以テ書キシ稀代ノ好書ナリ)と記されており、祖考であった利常の蔵書であったことが知られている(第6回企画展図録『越中国と万葉集』「前田家と万葉集」平成21年、高岡市万葉歴史館刊）。

綱紀は万葉研究の奨励も行い、射水郡の十村役に命じて越中万葉の歌枕を調査させたりもしている。こういったことから、越中国は他の諸国よりも『万葉集』についての関心が深く、やがて享和二年（一八〇二）には、高岡町年寄であった服部叔信により、布勢神社に「大伴家持卿遊覧之地」という碑（これが越中国最古の万葉碑）が建てられたりもしている。十村役の中には、内山逸峰や五十嵐篤好のような研究者も生まれており、早くから『万葉集』を受容する素地が整っていたのである。

三 「越中万葉」とその意義

越中国で詠まれた歌を総称して「越中万葉」と称する。その範囲は、大伴家持が天平十八年六月二十一日に越中守に任ぜられ赴任する時、叔母の大伴坂上郎女が詠んだ送別歌巻十七・三九二七歌から、天平勝宝三年七月十七日に少納言になって都にもどる途次に詠んだ巻十九・四二五六歌までを含めた越中での家持を中心とした五年間の歌三三〇首を指すが、さらに、巻十六におさめられた「能登国の歌三首」（三八七八〜三八八〇）・「越中国の歌四首」（三八八一〜三八八四）の計七首の民謡も合わせて、「越中万葉」は三三七首を数える。このうち、家持が詠んだ歌は二二三首に及ぶ。

その意義は、古代文学としての意義はもちろん、古代の越中地方の情報を豊かに残してくれているところにあるといえる。

古代における都以外の地方の情報は極めて少ない。ところが、富山県においては、『万葉集』の存在、「越中万葉」の存在によって、多くの情報が残されている。しかも、その情報は木簡などのような断片的なものではなく、叙述された内容なのである。それら「越中万葉」の文化的意義は、次の三つにまとめることができよう。

1、「越中の風土」

2、「越中のことば」（方言・孤語）

3、「越中の風俗」

しかも、「越中万葉」のほとんどが大伴家持の「歌日誌」と呼ばれる年次記載歌巻(2)に残されており、これらの情報には、日時が記された歌が多く、その実態に具体性があるのである。

越中での最初の歌は、天平十八年八月七日（太陽暦の八月二十七日）の夜の以下の宴歌である。

　八月七日の夜に、守大伴宿禰家持が館に集ひて宴する歌

秋の田の　穂向き見がてり　我が背子が　ふさ手折り来る　をみなへしかも

右の一首、守大伴宿禰家持作る。　(17・三九四三)

をみなへし　咲きたる野辺を　行き巡り　君を思ひ出　たもとほり来ぬ　(17・三九四四)

秋の夜は　暁寒し　白たへの　妹が衣手　着むよしもがも　(17・三九四五)

ほととぎす　鳴きて過ぎにし　岡辺から　秋風吹きぬ　よしもあらなくに　(17・三九四六)

右の三首、掾大伴宿禰池主作る。

今朝の朝明　秋風寒し　遠つ人　雁が来鳴かむ　時近みかも　(17・三九四七)

天ざかる　鄙に月経ぬ　然れども　結ひてし紐を　解きも開けなくに　(17・三九四八)

右の二首、守大伴宿禰家持作る。

天ざかる　鄙にある我を　うたがたも　紐解き放けて　思ほすらめや　(17・三九四九)

右の一首、掾大伴宿禰池主

家にして　結ひてし紐を　解き放けず　思ふ心を　誰か知らむも　(17・三九五〇)

右の一首、守大伴宿禰家持作る。

ひぐらしの　鳴きぬる時は　をみなへし　咲きたる野辺を　行きつつ見べし

右の一首、大目秦忌寸八千島　　（17・三九五一）

古歌一首大原高安真人作る。年月審らかならず。但し、聞きし時のままに、ここに記載す。

妹が家に　伊久里の森の　藤の花　今来む春も　常かくし見む　（17・三九五二）

右の一首、伝誦するは僧玄勝これなり。

雁がねは　使ひに来むと　騒くらむ　秋風寒み　その川の上に　（17・三九五三）

馬並めて　いざ打ち行かな　渋谿の　清き磯回に　寄する波見に　（17・三九五四）

右の二首、守大伴宿禰家持

ぬばたまの　夜はふけぬらし　玉くしげ　二上山に　月傾きぬ　（17・三九五五）

右の一首、史生土師宿禰道良

越中国府は、かつて高岡市伏木古国府の勝興寺のあたりに存在したとされている。国守館は国府から二〇〇メートルほど東、現在の伏木気象資料館あたりに存在したと推定されているが、確定はされていない。歌群は宴歌の型を残しており、まず主人家持が、客である大伴池主が持ってきたおみなえしに対する謝辞を述べ、それに答えて、池主は「たもとほり来ぬ」と主人を讃美する。(3) そして、単身で赴任している官人たち共通の興味として家郷の妻への思いを歌い、展開して行く。やがて、お開きの歌として「ぬばたまの夜はふけぬらし」「月傾きぬ」と歌われる土師道良の歌の直前に「馬並めていざ打ち行かな渋谿の清き磯回に寄する波見に」と歌っているが、「清き磯回」と形容叙述するには、そこを既に見ていなくてはならないはずであり、家持は赴任後早速に国守として管轄する国庁周辺の様子を見聞していたことが知られる。そして、渋谿の景観を大変気に入っていたことが分かる。万葉歌に「渋谿」と詠まれた雨晴海岸は、磯には岩礁が露出し、海辺には白砂青松が連なり、前方の海である富山湾越しに三千メートル級の立山連峰を望むことができる絶景の海岸である。古来景勝地として知られ、日本の渚百選の一つにも選ばれている。沖には男岩、女岩が奇景をなし、岸には源義経が奥州へ落ち延びる途中にわか雨を避け、その岩陰で雨の晴れるのを待ったという伝説の義経岩がある。「雨晴」の地名はこの伝説が由来である。

家持の好んだ渋谿の景観は、「天平十八年秋九月二十五日に越中守大伴宿禰家持、遙かに弟の喪を聞き、感傷びて作る」と左注に見える書持の死を悼んだ歌にも、

かからむと　かねて知りせば　越の海の　荒磯の波も　見せましものを　(17・三九五九)

と詠まれているが、この歌の伝承の過程で「有磯海」という北陸を代表する歌枕が生まれ、固

有の歌枕地名として『能因歌枕』『五代集歌枕』『八雲御抄』などといった歌学書に記されてゆくこととなる。平成二十六年三月十八日、その「有磯海」は「おくのほそ道の風景地」として国の名勝に指定された。

松尾芭蕉が、『おくのほそ道』の旅に出たのは元禄二年（一六八九）三月二十七日、四十六才のことであった。芭蕉がこの旅を思い立ったのは、能因法師や西行といった旅の歌人の足跡を慕い、歌枕をたずねることにあった。その旅の途次、七月十四日に越中国を訪れ、

わせの香や分け入る右は有磯海

の句を残したのである。「歌枕」をたどる文化は日本が誇るべき独自の旅の文化である。『万葉集』に歌われた土地を訪れ、能因が、西行が歌を残し、芭蕉が句を残しという具合に歌枕の地には重層的に文化が合わさっており、そこをたずねることは古人のこころをたずねることでもある。海山の景観は古今に大きな変化はない。私たちは家持や芭蕉が眺めたとほぼ同じ「有磯海」の景観をいまも目にすることができる。こういった旅の文化を生んでいるのも「越中万葉」の文化的意義といえよう。

四 「越中の風土」

「風土」という語は『万葉集』中に二箇所見えるだけである。その二つはいずれも「越中の風土」として、家持の歌に関わって見える。一つは、

立夏四月既に累日を経たるに、由し未だ霍公鳥の喧くを聞かず、因りて作る恨みの歌二首

あしひきの　山も近きを　ほととぎす　月立つまでに　なにか来鳴かぬ（17・三九八三）

玉に貫く　花橘を　ともしみし　この我が里に　来鳴かずあるらし（17・三九八四）

霍公鳥は、立夏の日に来鳴くこと必定す。また越中の風土は、橙橘の有ること希らなり。これによりて、大伴宿禰家持、懐に感発して、聊かにこの歌を裁る。三月二十九日

である。ここでは、「霍公鳥は、立夏の日に来鳴くこと必定す」として、奈良の都では立夏になると来鳴くホトトギスがすでに立夏を過ぎたにもかかわらず鳴かないのを「越中の風土」の然らしめることと考えている。そしてホトトギスの好む橙橘が少ない風土的特色についても記している。ちなみにこの年天平十九年の立夏は三月二十五日（太陽暦五月十二日）であった。

家持は、この歌の後、三月三十日の「二上山の賦」の第二反歌に

玉くしげ　二上山に　鳴く鳥の　声の恋しき　時は来にけり　（17・三九八七）

と、再度ほととぎすの鳴き声を期待する歌を詠った後、四月十六日（太陽暦六月二日）には、

四月十六日夜裏遥かに霍公鳥の喧くを聞きて懐を述ぶる歌一首

ぬばたまの　月に向かひて　ほととぎす　鳴く音遥けし　里遠みかも　（17・三九八八）

と、ホトトギスの鳴き声を詠んでいる。いまも二上山はホトトギスの飛来する山であり、家持がその声を聞いた六月初めにはその鳴き声がこだましている。

もう一つの「風土」は、天平勝宝三年（七五一）二月二日（太陽暦三月七日）の例である。

二月二日に、守の館に会集し宴して作る歌一首

君が行き　もし久にあらば　梅柳　誰と共にか　我がかづらかむ　（19・四二三八）

右、判官久米朝臣広縄、正税帳を以ちて京師に入るべし。よりて守大伴宿禰家持、この歌を作る。但し、越中の風土に、梅花柳絮三月にして初めて咲くのみ。

ここには、梅の花は奈良の都では二月には咲いているのが常態であるという認識がある。都の梅の花を詠った歌には、神亀四年（七二七）正月（太陽暦の一月三十一日から三月一日にあたる）に授刀寮に散禁せしめられた官人の詠った「梅柳　過ぐらく惜しみ　佐保の内に　遊びしこと

を　宮もとどろに」（6・九四九）という歌や、天平勝宝五年正月四日（太陽暦の二月十五日）の石上宅嗣の家での宴歌、「言繁み　相問はなくに　梅の花　雪にしをれて　うつろはむかも」（19・四二八二）や、同五年正月十一日（太陽暦の二月二十二日）の家持「うぐひすの　鳴きし垣内に　にほへりし　梅この雪に　うつろふらむか」（19・四二八七）、また、天平宝字二年二月（太陽暦の三月某日）の中臣清麻呂宅での宴歌、「恨めしく　君はもあるか　やどの梅の　散り過ぐるまで　見しめずありける」（20・四四九六）等々、二月上旬までには開花しているのが実態として確認できる。

　こんにちの気候がそうであるように、万葉時代の越中国が大和国より寒冷であることは当然のこととして、これらの風土についての情報を無意味なことのように考える向きもあるかも知れない。しかしながら、そうであろう事柄をそうあったこととして確認できることに大きな意義があるのである。我々は近年、温室効果ガスを原因とした地球温暖化により、平均温度が上昇していることを知っており、漠然と古代は今より寒冷であったと考えている。しかしながら、屋久杉の年輪に含まれる炭素13量の分析により復元された「屋久杉の安定炭素同位体分析から明らかにされた歴史時代の気候復元図」（北川浩之「屋久杉に刻まれた歴史時代の気候変動」『講座・文明と環境第6巻歴史と気候』所収、平成7年、朝倉書店刊）によると、西暦七〇〇年頃までは寒冷期であったが、奈良時代から鎌倉時代にかけて「中世温暖期」にあたり、奈良時代中ごろは中世温暖期の開始期とされ、平安時代は現在より三度ほど気温が高かったとも言われている。(4)

ましてや、万葉の時代にあっては、越中の気候についての情報など多くはなかったはずであり、家持歌とその左注による情報はそれなりの意義を有していたはずである。

五　「越中三賦」

そういった気候風土の他に、越中の地理的風土に関する歌として、家持が越中三賦と称される三組の長反歌を残していることにも意義がある。

「賦」とは中国の韻文における文体の一形式で、詩と異なり一句の長さは一定せず、押韻に定型はなく、対句によって構成されることが多いという特徴をもつ。抒情的要素が少なく、事物を羅列的に描写し、豊かに景観を描写する漢詩と散文の中間的な文体で、元来朗誦されるものであったとされる。劉勰の『文心雕龍』巻二「詮賦」には「賦者鋪也。鋪采摛文、體物寫志也」(賦ハ鋪ナリ。采ヲ鋪キ文ヲ摛べ、物ヲ体シテ志ヲ写スナリ)とある。

山田孝雄(『万葉五賦』昭和25年、一正堂書店刊)が「その形よりいへば、文選などの賦に似て、長き体裁の律語たり。その意よりいへば、詩の六義の賦の意にて、その事を敷陳して直言せる歌なり」と述べたように、『文選』に見える「両都賦」を始めとする、「西京賦」「東京賦」「甘泉賦」「上林賦」「海賦」「江賦」などさまざまな賦に倣って、意欲的に「……賦」と題する長歌を製作したのであろう。

二上山の賦一首この山は射水郡に有り

射水川　い行き巡れる　玉くしげ　二上山は　春花の　咲ける盛りに　秋の葉の　にほへる時に　出で立ちて　振り放け見れば　神からや　そこば貴き　山からや　見が欲しからむ　皇神の　裾回の山の　渋谿の　崎の荒磯に　朝なぎに　寄する白波　夕なぎに　満ち来る潮の　いや増しに　絶ゆることなく　古ゆ　今の現に　かくしこそ　見る人ごとにかけて偲はめ　(17・三九八五)

渋谿の　崎の荒磯に　寄する波　いやしくしくに　古思ほゆ　(17・三九八六)

玉くしげ　二上山に　鳴く鳥の　声の恋しき　時は来にけり　(17・三九八七)

右、三月三十日に興に依りて作る。大伴宿禰家持

布勢の水海に遊覧する賦一首并せて短歌この海は射水郡の旧江村にあり

もののふの　八十伴の緒の　思ふどち　心遣らむと　馬並めて　うちくちぶりの　白波

の　荒磯に寄する　渋谿の　崎たもとほり　松田江の　長浜過ぎて　宇奈比川　清き瀬ごとに　鵜川立ち　か行きかく行き　見つれども　そこも飽かにと　布勢の海に　舟浮け据ゑて　沖辺漕ぎ　辺に漕ぎ見れば　渚には　あぢ群騒き　島回には　木末花咲き　ここばくも　見のさやけきか　玉くしげ　二上山に　延ふつたの　行きは別れず　あり通ひ　いや年のはに　思ふどち　かくし遊ばむ　今も見るごと　（17・三九九一）

布勢の海の　沖つ白波　あり通ひ　いや年のはに　見つつしのはむ　（17・三九九二）

右、守大伴宿禰家持作る。四月二十四日

立山の賦一首并せて短歌この立山は新川郡にあり

天ざかる　鄙に名かかす　越の中　国内ことごと　山はしも　しじにあれども　川はしも　さはに行けども　皇神の　うしはきいます　新川の　その立山に　常夏に　雪降り敷きて　帯ばせる　片貝川の　清き瀬に　朝夕ごとに　立つ霧の　思ひ過ぎめや　あり通ひ　いや年のはに　よそのみも　振り放け見つつ　万代の　語らひぐさと　いまだ見ぬ人にも告げむ　音のみも　名のみも聞きて　ともしぶるがね　（17・四〇〇〇）

立山に　降り置ける雪を　常夏に　見れども飽かず　神からならし　（17・四〇〇一）

片貝の　川の瀬清く　行く水の　絶ゆることなく　あり通ひ見む　（17・四〇〇二）

四月二十七日に大伴宿禰家持作る。

それぞれ、題詞に「二上山の賦一首この山は射水郡に有り」「布勢の水海に遊覧する賦一首并せて短歌この海は射水郡の旧江村にあり」「立山の賦一首并せて短歌この立山は新川郡にあり」と小注で越中国においては不要と思われるその地理的情報を記しており、山田孝雄（『万葉五賦』）が「都へ上りての語らひ草とせむとの下構えにてよめるならむか」と指摘したとおり、この年五月に税帳使として帰京する折の土産の意味があったと考えられる。しかし、単なる土地讃美の歌にとどまらず、「山野浜浦の処」（『出雲国風土記』「総記」）の陳述として、風土記の撰進に類した国守の職掌としての意識も加わって、意欲的に作られているといえる。

二上山の地勢を春秋・朝夕の対句を用いつつ、「射水川　い行き巡れる　玉くしげ　二上山」、「皇神の　裾回の山の　渋谿の　崎の荒磯」と具体的に表現し、また、立山について山川の対句を用いつつ「常夏に　雪降り敷きて」「帯ばせる　片貝川の　清き瀬に　朝夕ごとに」霧が立つなど詳述し、なによりも、こんにちでは十二町潟水郷公園にわずかに面影を残すしかない、かつて氷見市南部の窪、島尾から田子、堀田、布施、十二町等の地域にわたり広がっていた湖水である布勢の水海の情景を「布勢の海に　舟浮け据ゑて　沖辺漕ぎ　辺に漕ぎ見れば　渚には　あぢ群騒き　島回には　木末花咲き」と、「渚」に鳥、「島回」に花を配して対句で歌うなど、越中国の風土についての貴重な情報が残されている。

六　越中のことば（方言・孤語）

　堅香子草の花を攀ぢ折る歌一首

もののふの　八十娘子らが　汲みまがふ　寺井の上の　堅香子の花　（19・四一四三）

【原文】　攀㆓折堅香子草花㆒歌一首

　物部乃　八十嬬等之　挹乱　寺井之於乃　堅香子之花

家持が詠った越中の植物の中で、もっとも有名な植物は「かたかご」（カタクリ）である。高岡市の「市のはな」になっているほどである。『万葉集』中「かたかご」は一例しか見えない語で、こういった孤例の語を「孤語」という。家持が越中国に赴任しなければ知られなかったことばである。「かたかご」は孤語であるとともに、おそらくは越中の方言であろう。

古い時代の『万葉集』の写本では、この歌の結句はかつて「かたかごのはな」とは訓まれずに、「かたかしのはな」と訓まれていた。それを鎌倉時代の仙覚が、「此歌ノ落句、古点ニハ、カタカシノハナト点セリ。コレヲ、カタカコト点スヘシ。カシト点スレハ、櫧木（カシノキ）ニマカヒヌヘシ。端作詞ニ、堅香子草花トカケリ。草トキコエタリ。カタカコヲハ、又ハキノシタトイフ。ハルハナサク草也。ソノハナノイロ、ムラサキ也。」と述べてから、現在の訓みになった。

本居宣長・賀茂真淵の『万葉集問目』には、「是は、越前陸奥に多き草にて、かたごとも、又俗は、かたくりともいへり、根はゆりに同しくて、一根より一葉出るもの也、其一葉に並て、花も出、うす紫にて茎に似たり、其一茎一葉なれは、片之子といふへし、かゝる物也、其根製すれは葛に似て、至て上品也」とあり、橘千蔭の『万葉集略解』には、「越の国ではカタコユリといふ」と記す。

また、

あゆの風越の俗の語に東の風を「安由乃可是《アユノカゼ》」と云ふ　いたく吹くらし　奈呉の海人の　釣する小舟
漕ぎ隠る見ゆ　（17・四〇一七）

と詠われた「あゆの風」は、小注に「越の俗の語に東の風を『安由乃可是』と云ふ」と注記されているように、現在はイ音便化して「あいの風」といわれている越中国の方言である。家持の歌によって、古代から用いられてきた方言であることが確認できるのである。

英遠の浦に　寄する白波　いや増しに　立ちしき寄せ来　あゆをいたみかも
（18・四〇九三）

と合わせて万葉に二首の用例を見る。

出挙の途次に詠まれた「つまま」も集中の孤語である。

季春三月九日に出挙の政に擬りて、旧江村に行く。道の上に物花を属目する詠并せて興中に作る所の歌

渋谿の崎に過り、巌の上の樹を見る歌一首　樹の名は「都《ツ》万《マ》麻《マ》」

磯の上の　つままを見れば　根を延へて　年深からし　神さびにけり　（19・四一五九）

「つまま」は、クスノキ科タブノキ属の常緑高木の椨（たぶのき）のことで、イヌグス・タマグスとも称する樹木で、高さは、三〇メートルくらいまでのものもある。葉には光沢があり、五～六月頃に枝先に淡い黄緑色の花を咲かせる。年数を経ると根が地上にあらわれることから、古来神聖視されてきた樹木である。船材に適し、古代において朝鮮半島から日本に渡来した船は、すべてタブノキの材で造られていたという[5]。本州・四国・九州・沖縄などの沿岸部に多く生育する木であり、題詞の下に「樹の名は『都万麻』」と小注するのは、「つまま」が都人に知られていない木であったからであろう。

出挙の途次では、礪波郡でも、

礪波郡の雄神川の辺にして作る歌一首

雄神川　紅にほふ　娘子らし　葦付水松の類取ると　瀬に立たすらし　（17・四〇二一）

と「あしつき」という植物が詠まれている。小注に「水松の類」と記すように、一般的でない植物であり、万葉の孤語である。ネンジュモ属に属する藍藻の一種で、清流に自生する緑褐色で寒天のような塊状の藻類のこととされており、天然記念物に指定されている。

その他にも、

天平勝宝二年正月二日に、国庁にして饗を諸の郡司等に給ふ宴の歌一首

あしひきの　山の木末の　保与取りて　かざしつらくは　千歳寿くとそ　（18・四一三六）

では孤語「ほよ」（寄生木）が、正月に千年の寿を願うカザシにする風俗とともに、詠われている。「ほよ」は、『和名類聚抄』に「寄生夜止里木一云保夜」と記され、ホヤとも言われていたことが知られる。ホヤでなく、ホヨと詠われているところに方言性を考えることもできる孤語である。

また、「放逸せし鷹を思ひ、夢に見て感悦して作る歌一首」と題する歌では、「……松田江の　浜行き暮らし　つなし捕る　氷見の江過ぎて……」（17・四〇一一）と、「つなし」という孤語が詠まれている。「つなし」は「このしろ」（鰶・鮗・鯯）の幼魚をいう語と考えられ、方言というわけでもないと考えられるが[6]、いずれにせよ家持が越中国に赴任しなければ、長くそ

の語は都の人びとに知られなかったはずである。

磯で採れるきさごなどの巻き貝をいう「しただみ」という語も万葉の孤語である。

香島ねの　机の島の　しただみを　い拾ひ持ち来て　石もち　つつき破り　速川に　洗ひ濯ぎ　辛塩に　こごともみ　高坏に盛り　机に立てて　母にあへつや　目豆児の刀自　父にあへつや　身女児の刀自　（16・三八八〇）

巻十六に収められた「能登国の歌三首」と題する民謡のうちの一首に見える語で、『古事記』の「久米歌」の戦闘歌謡の中に、

神風の　伊勢の海の　大石に　這ひ廻ろふ　しただみの　い這ひ廻り　撃ちてし止まむ　（記13）

と見えており、方言ではないが、その調理法や配膳の様子が知られて興味深い資料である。

攀ぢ折れる保宝葉を見る歌二首

我が背子が　捧げて持てる　ほほがしは　あたかも似るか　青き蓋　（19・四二〇四）

講師僧恵行

皇祖の　遠御代御代は　い敷き折り　酒飲むといふそ　このほほがしは　（19・四二〇五）

守大伴宿禰家持

に見える「ほほがしは」（朴木の葉）も方言ではないと思われるものの、集中ではこの二例のみであり、遠御代においては「ほほがしは」を容器にして酒を飲む風習があったことを伝えて意義がある。

七　越中の風俗

前章で、「ほよ」を正月の千年の寿を願うカザシにする風俗があることを指摘したが、ほかにも当時の風俗を残す歌がある。

奈呉の海人の　釣する舟は　今こそば　舟棚打ちて　あへて漕ぎ出め　（17・三九五六）

では、舟棚を打って航行・漁労の安全と豊漁を祈るという風俗が残されている。(7)
また、「能登郡にして香島の津より船を発し、熊来村をさして往く時に作る歌二首」と題する中の一首では、家持は能登地方の風俗「とぶさ立て」を歌に残している。

とぶさ立て　舟木伐るといふ　能登の島山　今日見れば　木立繁しも　幾代神びそ　（17・四〇二六）

「といふ」という表現から考えて、家持はその習俗を能登方面に赴いた折に伝聞したものと考えられる。「とぶさ立て」は、舟材に用いるような大木を切り出すときに、伐採した木の切株に、枝葉の繁ったその木の梢（とぶさ）を刺し立てて山の神を祭る儀式である。

とぶさ立て　足柄山に　舟木伐り　木に伐り行きつ　あたら舟木を　（3・三九一）

と東国の足柄地方にも見られる習俗であるが、その習俗が能登でも行われていたのである。こんにちでも長野県など一部の地方で、山の神に感謝し切株の上に伐った木の梢を立てて神を祭る「株祭り」という名の儀式が行われているが、それは万葉の「とぶさ立て」にあたる儀式である。

鵜飼も行われていたことが、「鸕を潜くる歌一首」と題する次の歌によって知られる。

あらたまの　年行き帰り　春されば　花のみにほふ　あしひきの　山下とよみ　落ち激ち　流る辟田の　川の瀬に　鮎子さ走る　島つ鳥　鵜養伴なへ　篝さし　なづさひ行けば　我妹子が　形見がてらと　紅の　八入に染めて　おこせたる　衣の裾も　通りて濡れぬ　（19・四一五六）

歌は天平勝宝二年三月八日の日付けの歌のあとに置かれており、「春されば」や「鮎子さ走る」という歌句から考えても、越中国では春の鵜飼が行われていたのである。

鷹狩も行われており、家持はすぐれた鷹を飼って、鷹狩を楽しんでいたようである。第二章に挙げた少納言になって都に遷任するときに久米広縄に残した歌、

石瀬野に　秋萩しのぎ　馬並めて　初鳥狩だに　せずや別れむ　（19・四二四九）

や、「放逸せし鷹を思ひ、夢に見て感悦して作る歌一首并せて短歌」（17・四〇一一〜五）、「八日に、白き大鷹を詠む歌一首并せて短歌」（19・四一五四、五）などにより知られる。

鳳至郡にして饒石川を渡る時に作る歌一首

妹に逢はず　久しくなりぬ　饒石川　清き瀬ごとに　水占延へてな　（17・四〇二八）

では、水占という占いがこの地で行われていたことが知られる。

正月の初笑いの習俗を詠んだとおぼしき次のような歌も残されている。

判官久米朝臣広縄が館に宴する歌一首

正月立つ　春の初めに　かくしつつ　相し笑みてば　時じけめやも　（18・四一三七）

これらは、家持が詠わなければ残ることのなかった越中国の風俗であり、文化である。

八　地方官人の生活や官衙の様態

地方官人の生活や、官衙の様態を垣間見ることができるのも越中万葉の特色である。

前章に挙げた鷹狩は、この当時禁じられていた。『続日本紀』神亀五年八月条には、

朕、思ふ所有りて、比日之間、鷹を養ふことを欲りせず。天下の人も亦養ふこと勿かる

べし。其れ、後の勅を待ちて、養ふこと得よ。如し違ふこと有らば、違勅の罪に科さむ。天下に布れ告げて咸く聞せ知らしめよ。

と鷹の飼育を禁じている。鷹狩だけでなく、『続日本紀』天平二年九月二十九日条の詔には、

陸を造りて多く禽獣を捕ることは、先の朝禁め断てり。擅に兵馬・人衆を発すことは当今聴さず。而るに諸国仍陸籬を作りて、擅に人兵を発して猪・鹿を殺し害ふ。計るに頭数無し。直に多く生命を害ふのみに非ず。実に亦章程に違ひ犯せり。諸道に頒ちて並に禁め断つべし。

と殺生を禁断し、さらに、天平九年八月二日条でも「月の六斎日に殺生を禁断す」と見え、天平十三年二月には牛馬の屠殺の禁断に加えて「『国郡司等、公事に縁るに非ずして、人を聚めて田獦し、民の産業を妨げて、損害実に多し』ときく。今より已後は、禁断せしむべし。更に犯す者有らば、必ず重き科に擬てむ」という勅が出され、三月二十四日には六斎日の漁猟殺生の禁止だけでなく、「国司等、恒に検校を加ふべし」という勅が出されている。天平十五年にも「七七日を限りて殺生を禁断し、及雑食を断たしむ」、十七年九月十五日にも「三年の内、天下に一切の宍を殺すことを禁断す」、同十九日には「諸国をして有てる鷹・鵜を並に放ち去らしむ」という具合であり、家持が越中国に赴任してからも、天平勝宝元年正月朔日に「天下

の殺生を禁断す」と勅が出されていた。

家持は国守として「恒に検校を加」える立場にあったはずである。家持の越中での鷹狩りの歌の存在は、殺生禁断の勅が地方においては守られていなかった実態を伝える資料といえるとともに、越中に鷹狩りの習俗があったことを伝えるものといえる。

家持が赴任する天平十八年の前年には、公廨稲が導入されているが、そういった中での出挙の様態も17・四〇二一～九の一連の歌に知られる。

例えば、鸕坂川や延槻川には橋が架けられておらず、馬で渡った実態が、

婦負郡にして鸕坂の川の辺を渡る時に作る一首

鸕坂川　渡る瀬多み　この我が馬の　足掻きの水に　衣濡れにけり　(17・四〇二二)

新川郡にして延槻河を渡る時に作る歌一首

立山の　雪し消らしも　延槻の　川の渡り瀬　あぶみ漬かすも　(17・四〇二四)

によって知られるし、雪解けの増水も歌われている。また、婦負川での鵜飼が篝火を焚いた夜の鵜飼であったことは、次の歌によって知られる。

鸕を潜くる人を見て作る歌一首

婦負川の　早き瀬ごとに　篝さし　八十伴の緒は　鵜川立ちけり　(17・四〇二三)

能登方面への出挙の旅には、

　気太神宮に赴き参り、海辺を行く時に作る歌一首

之乎路から　直越え来れば　羽咋の海　朝なぎしたり　舟梶もがも　（17・四〇二五）

と、氷見市から石川県羽咋郡志雄町へ越える志雄路越え（臼ヶ峰往来）が詠われており、後の藩政時代の「御上使往来」の道のルートとなる官道として興味深い。珠洲から長浜の浦へは海路のルートが取られていることも、

　珠洲郡より船を発し、太沼郡に還る時に、長浜の湾に泊まり、月の光を仰ぎ見て作る歌一首

珠洲の海に　朝開きして　漕ぎ来れば　長浜の浦に　月照りにけり　（17・四〇二九）

　右の件の歌詞は、春の出挙に依りて、諸郡を巡行し、当時当所にして、属目し作る。

という歌の存在によって知られる貴重な情報である。

越中の国守館は、現在の高岡市伏木気象資料館（旧・伏木測候所）にあったと推定されているが、国守館には射水川（現・小矢部川）を漕ぎ行く舟人の歌声が聞こえるほどの川との距離であったことが次の歌から知られる。

　江を泝る舟人の唱を遙かに聞く歌一首

朝床に　聞けば遙けし　射水川　朝漕ぎしつつ　唱ふ舟人　（19・四一五〇）

また、大目であった秦八千島の居館からは、奈呉の海が望まれたことも、

奈呉の海人の　釣する舟は　今こそば　舟棚打ちて　あへて漕ぎ出め　（17・三九五六）

右、館の客屋に居つつ蒼海を望む。よりて主人八千島この歌を作る。

の歌と左注によって知られる。

「三日に守大伴宿禰家持の館にして宴する歌三首」と題した歌の中には、

漢人も　筏浮かべて　遊ぶといふ　今日そ我が背子　花縵せよ　（19・四一五三）

と曲水の宴を想像させる歌もあり、あるいは国守館の庭園には、まがり流れる水の設えがなされていたのかも知れない。

「天平感宝元年閏五月六日より以来、小旱を起こし、百姓の田畝稍くに凋む色有り。六月朔日に至りて、忽ちに雨雲の気を見る。よりて作る雲の歌一首 短歌一絶」と題する雨乞いの歌（18・四一二二、三）と、

雨落るを賀く歌一首

我が欲りし　雨は降り来ぬ　かくしあらば　言挙げせずとも　稔は栄えむ　（18・四一二四）

右の一首、同じ月四日に大伴宿禰家持作る。

の歌からは、天平感宝元年（七四九）には閏五月六日（太陽暦七月二十三日）から六月四日までのほぼ一ヶ月、越中国に降雨がなかったという気候まで知ることができる。これは、家持の年月日記載のお陰である。

大伴家持が越中国に赴任しなかったら、越中万葉歌が存在しなかったら、富山県の古代の情報はずいぶん限られたものになってしまっていたと思われる。越中万葉の文化的意義は大きいといえるのである。

注

（1）酒井美意子『加賀百万石物語』（平成13年、角川書店刊）

（2）「歌日誌」と称される巻は、巻十七～二十に及ぶが、「越中万葉」の歌はそのうちの巻十七～十九に渡って掲載されている。

（3）見渡せば　近き里回を　たもとほり　今そ我が来る　領巾振りし野に　（7・一二四三）

春霞　井の上ゆ直に　道はあれど　君に逢はむと　たもとほり来も　（7・一二五六）

雲の上に　鳴くなる雁の　遠けども　君に逢はむと　たもとほり来つ　（8・一五七四）

見渡せば　近き渡りを　たもとほり　今や来ますと　恋ひつつそ居る　（11・二三七九）

など「たもとほり」（徘徊し遠回りして）訪れることは、訪問先に対する讃美表現であった。

（4）吉野正敏『古代日本の気候と人びと』（平成23年、学生社刊）によると、七世紀前半から奈良時代の初頭までは寒冷であった。いいかえれば、飛鳥時代はやや寒冷な時代であったが、八世紀中ごろから急な温暖化がみられ、九世紀には一―二度の上昇が認められるという。

（5）山形健介『（ものと人間の文化史）タブノキ』（平成26年、法政大学出版局刊）

（6）『物類称呼』（越谷吾山著）巻二には、「このしろ。此魚の小なる物を、京都にて、まふかりと云ふ。中国及び九州に、つなしと云ふ」とあり、方言であった可能性もある。

（7）拙稿「越中万葉の意義」（『高岡市万葉歴史館論集』第16集、平成28年、笠間書院刊）に論じたように、板橋倫行「船枻うちて」（『板橋倫行評論集第一巻大仏造営から仏足石歌まで』昭和53年、せりか書房刊）が、鳥羽付近の海女が水中に潜る前に舷側に一列に並び、腰にしている鉄の鑿を抜いてトントンと調子を合わせて舷端をたたく魔除けのまじない（『日本民俗学辞典』）を紹介し、三九五六歌の奈呉の海女の船枻をうつ行為も、海中の悪霊・悪魔を追い払うためのマジックと解すべきことを指摘している。

飛鳥の秋　長安の秋

千田　稔

飛鳥の秋を歌った万葉歌と長安の秋を詠じた漢詩を、何の基準もなく拾い上げてみた。だから、以下の文章に何か結びとなるような言葉はない。だが、それでも詩歌の歌われる場所からくる表現のひろがりの違いが歴然として感じとられることは、否めない。それは、大陸と列島の文化を論じるための尺度というものだろう。

まずは、飛鳥の秋から。

故郷の豊浦の尼の私房にして宴する歌三首

明日香川　行き廻《み》る丘の　秋萩は　今日降る雨に　散りか過ぎなむ　（八―一五五七）

明日香川の流れが屈曲しているあたりの丘べに咲いている萩の花よ、今日の雨にあたって散ってしまうようだな、と歌われているが、萩といえば秋の飛鳥の野にいろどりを与えたのだ。散る花に哀惜の情を感じるのは人の常ではあるが秋の花については季節がらひとしおであろう。いや、もっと深読みを強いれば、久しぶりにもどった豊浦の尼の私房でのなつかしい友らとの宴が雨によって、もりあがらないのかもしれない。あるいは、都であった飛鳥のさびれつつある風景をなげいているのか。

さまざまに歌意に想像をめぐらしても、それは、詠み人の心からはなれてしまうばかりりで徒労にすぎない。秋の花の散り過ぎゆく姿がただささびしいのだ。

鳴鹿を詠む一首

三諸の　神奈備山に　立ち向かふ　み垣の山に　秋萩の　妻を枕《ま》かむと　朝月夜　明けまく惜しみ　あしひきの　山彦とよめ　呼び立て鳴くも　（九－一七六一）

カムナビの山を守るようにそびえたつみ垣の山のあたりの萩の花のように妻に手をかけて共に寝ようと思う。あたりは朝がたの月の夜空が明けつつあって、とても惜しい。鹿までがやまびこをとどろかせんと呼び立てるようにうるさく鳴くのだ。

そこで、古来問題となっていた、飛鳥のカムナビの山は、どこかということである。長く通説は、雷丘をさすものとして、疑われることはなかった。ところが、岸俊男氏が、橘寺の南の山に小字「ミハ山」があることを見出し、それをもって飛鳥のカムナビではないかとする説を唱えた。たしかに中ツ道を南に延長するとこの地にあたり、橘寺の東門もこの道に沿う。カンムナビをよんだ他の万葉歌もこのような地理的解釈によると説明しやすいので、私は、岸説に従っている。

さらにカムナビをよんだ一首をあげてみよう。

霹靂《かむとけ》し　曇れる空の　九月《ながつき》の　しぐれの降れば　雁《かり》がねも　いまだ来鳴かぬ　神奈備の
清きみ田屋の　垣内田《かきつた》の　池の堤の　百足《もも》らず　齋槻《いつき》が枝に　みづ枝さす　秋のもみち
葉　巻き持てる　小鈴もゆらに　たわやめに　我はあれども　引き攀《よ》ぢて　峰《すゑ》もとををに
に　ふさ手折り　我は持ちて行く　君がかざしに　（一三―三二二三）

雷が曇り空をとどろかせて、九月の時雨が降るが、雁の鳴き声はまだ聞こえない。カムナビの清らかな御田屋の垣で囲まれた田の池の堤に神聖な槻が植わっているがその枝に秋の紅葉がうるわしさを添えている。か弱い私は、手にもった小鈴をならしながら、木末を手でもってたわまんばかりに引き、枝を折って持って行く。あなたの髪飾りにしたいのよ。

ここに歌われている「神奈備の　清きみ田屋の　垣内田」は、どのような風景なのだろうか。

考えられるのは、カムナビに捧げるための聖なる稲を育てる神田があり、垣で結界をほどこされていたのであろうか。そんなことをとりとめもなく想像しながら、手元の『大和地名大辞典』（日本地名学研究所編）の高市村橘のところに目をやると「ミハ山」とともに「神田」（カンデン）という小字名を見つけた。とすると、やはり飛鳥のカムナビは「ミハ山」でよいと思えた。

反歌

ひとりのみ　見れば恋しみ　神奈備の　山のもみち葉　手折りけり君　（一三-三二二三）

一人ぼっちで見ているとあなたが恋しくて、カムナビ山の黄葉の枝を手折ってしまったのよ、あなた。

秋の紅葉はそんなにめずらしくはないが、とりわけ祈る心が視線をカムナビの紅葉に向かわせるのだろう。

まそ鏡　南淵山は　今日もかも　白露置きて　黄葉散るらむ　（一〇-二二〇六）

「まそ鏡」は「み」にかかる枕詞。飛鳥の秋を、前掲の萩と黄葉の風景に託して歌っている。あまりにも決まり文句のように思われるが、天武紀五年五月条に南淵山は細川山とともに、伐採を禁じているので、聖なる森に見立てられていたと思われる。定まった対象というわけではないが、人は自然の聖性に歌心を向けるのであろうか。

蝦《かはづ》を詠む

神奈備の　山下とよみ　行く水に　かはづ鳴くなり　秋と言はむとや　（一〇―二一六二）

蛙は、夏先に姿を見せるのだが、その鳴き声が鹿に似ていると言うので、秋の訪れを蛙のなくことに託したのであろう。ここにいう「行く水」は、飛鳥川のことであろう。すべてではないがカムナビの山を帯のように川が取り巻く風景が歌われる。三輪山と初瀬川の関係のようであり、このような「山と川」という風景の構成は、宇宙を表現する。

朱鳥元年九月九日天武天皇は崩御する。

天皇の崩ります時に、大后の作らす歌一首

やすみしし　我が大君の　夕されば　見したまふらし　明け来れば　問ひたまふらし　神岡の　山の黄葉《もみち》を　今日もかも　問ひたまはまし　明日もかも　見したまはまし　その山を　振り放け見つつ　夕されば　あやにかなしみ　明け来れば　うらさび暮らし　荒たへの　衣の袖は　乾《ふ》る時もなし　（二―一五九）

天武天皇の崩御に悲しみにくれた皇后は神山をみつめてうたう。

この神山もカムナビのことであろう。大君は夕べ近くになるとご覧になり、そして日があけると問いかけられた神の山の黄葉を、亡き今日もお尋ねになり、明日もご覧になるのだろうか。

その山をながめやって、夕やみ近くなると、悲しみがこみあげ、日が明けると心のふるえと暮らしをともにし、喪服の袖が涙で乾きはしない。

まず、先に触れたカムナビの所在のことであるが、天武天皇の宮は飛鳥浄御原宮であるから、そこから南面すると橘寺の向うにあると思われるカムナビとの位置関係が説明できよう。

歌にいう「問ひたまはまし」とは、天皇が神山に何を問いかけたのであろうか。歌のことばでは、「見したまはまし」と対になる。「問う」ことと「見る」こと、それが神に向かってなされている。おそらく、神なる存在に身体を真っすぐに向けて、そして凝視し、カムナビの樹叢の日々に変わる様態の不思議を、なぜかと神に問いかけることであろう。自然の日々の変容に神のなすわざと解したにちがいない。だから、さきにあげたカムナビをよんだ歌も、単なる叙景・叙情を表したというのではあるまい。それは、祈りの歌である。

さて長安の秋の歌に耳を傾けよう。

秋日赴闕潼関駅楼　許渾《きょこん》

秋日闕に赴くの潼関の駅楼

紅葉晩蕭蕭

紅葉晩《くれ》に蕭蕭

長亭酒一瓢

長亭　酒一瓢《いっぴょう》

残雲帰太華
疏雨過中条
樹声随山迴
河声入海遥
帝郷明日到
猶自夢漁樵

残雲　太華に帰り
疏雨　中条を過ぐ
樹声　山に随《したが》って迴《はる》かに
河声《かせい》　海に入りて遥《はる》かなり
帝郷　明日《みょうにち》到らんとして
猶　漁樵《ぎょしょう》を夢みん

夕暮れの紅葉が哀しげに、揺れている。駅館で一杯の杯を傾ける。ちぎれ雲が太華山の方に向かっていく。時雨が中条山を過ぎる。木々を吹き鳴らす風の音は、山の遥か向うからを聞こえてくる。河を流れる水の音は海の遥かかなたから聞こえてくる。明日、いよいよ長安に帰るが、隠者になる夢を捨てがたい。

地名について略記しておこう。

潼関　関中平原の東部、秦嶺山脈の北、渭河、洛河の南、華山の東に位置する。

太華山　五岳の西岳華山。陝西省関中平原東部の華陰県にあり、西安市より120キロ

晩唐の詩人許渾は、病弱ではあったが刺史として、地方に任官し、慷慨の情を歌った。長安に帰り政治の俗塵にまみれたくないという内心の迷いを駅楼の酒にまぎらわすのか。

子夜呉歌《しやごか》　李白

長安一片月　長安一片の月
萬戸擣衣聲　萬戸衣を擣《う》つの声
秋風吹不盡　秋風吹いて尽《つ》きず
總是玉關情　総て是れ玉関の情
何日平胡虜　何れの日か胡虜を平らげ
良人罷遠征　良人《りょうじん》遠征を罷めん

長安の夜空にぽつんと月が浮かんでいる。家々からも衣を打つ砧《きぬた》の音が聞こえてくる。秋風はやむことなく吹きつづく。なにもかも、遠く離れた玉門関にいる夫への情をつのらせる。いつ夫は夷敵を征伐して遠征をやめて長安に帰ってくるのだろうか。

かつてのシルクロードに作られた堅固な関所である玉門関はよく知られている。やはり、漢詩の舞台は広大な中国の大地であるから、詩がおのずと壮大な広がりを表現する。子夜呉歌とはもともと南方土着の民歌で、「子夜という女性が詠んだ歌」という意味の楽府《がふ》題《だい》による詩作。

続いて李白の詩。

玉階怨　李白

玉階生白露　　玉階に白露生じ
夜久侵羅襪　　夜久しくして羅襪《らべつ》を侵す
却下水精簾　　却下す水精《すいしょう》の簾
玲瓏望秋月　　玲瓏《れいろう》として秋月を望む

宮殿の玉のきざはしに白露ができたわ。夜が更けて、薄絹の靴下が濡れているの。水晶の御簾を下ろすと、御簾ごしに玉が輝くような秋の月が見えるの。

宮廷に仕える女性が秋の夜に物思いにふける心を歌う。念の為に、長安城の宮殿の名をあげる。

太極宮　隋の大興城を継承した宮殿。

大明宮　第2代皇帝・太宗（在位626-649）が貞観8年（634）に高祖李淵（在位618-626）の避暑地として城の東北の禁苑内にある龍首原に建てた「永安宮」に始まる宮殿。

興慶宮　第9代玄宗（在位712-756）が皇太子時代の邸宅を宮殿に改造し、開元16年（728）から政務。

月夜《げつや》　杜甫

今夜鄜州月　今夜　鄜州《ふしゅう》の月
閨中只独看　閨中に只だ独り看ん
遥憐小児女　遥かに憐む　小児女《しょうじょ》の
未解憶長安　未だ長安を憶ふを解せざるを
香霧雲鬟湿　香霧に雲鬟《うんかん》湿《うるお》ひ
清輝玉臂寒　清輝《せいき》に玉臂《ぎょくひ》寒からん
何時倚虚幌　何れの時か虚幌《きょこう》に倚《よ》り
双照涙痕乾　双《なら》びて照らされ涙痕《るいこん》乾かん

今宵、鄜州の月を、妻は寝室から独り見ているだろう。より憐れなことは、幼子たちが、長安で軟禁中の私の身を案じられないことだ。夜霧に濡れた妻の黒髪は潤い、澄んだ月の光に照らされて、玉のような妻の腕は冷たく輝いているだろう。いつになったら、おまえと一緒に月の光に照らされて涙の跡を乾かすことができるのだろうか。

長安秋望　杜牧
楼倚霜樹外　楼は倚《よ》る　霜樹《そうじゅ》の外
鏡天無一毫　鏡天　一毫も無し

南山与秋色　　南山と秋色と
気勢両相高　　気勢　両つながら相高《あい》し

高楼は霜枯れの木々に寄添って立つ。空は、鏡のように澄み、雲一つない。南山と秋の景色には、気の勢いはともに崇高である。

ここに詠じられている「南山」は、長安のはるか南にある「終南山」のことであろう。東アジアの都城の南には「南山」という聖山を配するのが、原則であったらしい。さきに飛鳥のカムナビもそのように解してよいし、さらに吉野も藤原京・平城京の南山であった。朝鮮半島の新羅・慶州にも南山がある。終南山は仏教・道教の聖地でもあり王維の詩でもよく知られている。

古代の紙

湯山賢一

我が国の伝統的技術によって作られている「和紙」。この和紙遺品の大本を学術的な面から光を当てた本格的な研究の代表例が、昭和三五年から三年間に亙って、宮内庁正倉院事務所で行われた紙の第一次調査でした。その成果は、昭和四五年に日本経済新聞社から『正倉院の紙』として刊行されています。八世紀の文書料紙遺品が一万通にわたり、現在に伝えられている正倉院が存在すること、これが日本の素晴しい所です。私も平成一七年から二〇年迄正倉院の「紙（第二次）調査」に参加し、様々なことを学ぶことが出来ました。今日の話はこうした成果に基づいたものです。

和紙研究の大先達で、正倉院の紙の第一次調査に参加されて、現在も御元気な京都工芸繊維

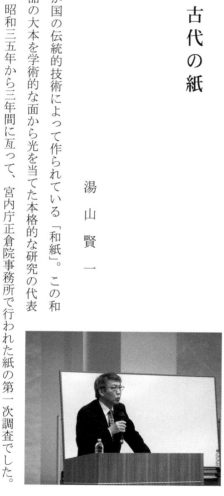

大学名誉教授町田誠之博士は、平成二一年の「紙の博物館」創立六〇周年に出版された『回想の和紙』で、「人間が発明した品物のなかで、紙ほど文化に役立ったものはないといっても過言ではない」と述べられています。この表現にある紙の話の中で、和紙が如何に素晴しかったかを示す逸話が、「支倉常長の鼻紙」です。これは慶長遣欧使節の支倉常長一行が慶長一八年（一六一四）、スペイン到着後にローマに向かう途中、南仏の港町サントロペに嵐を避けて上陸した時、彼らが街中を散策しながら使い捨てた鼻紙を、町の人々が我れ先にとこれを競って拾い集めたというお話です。日本人が好きな画家レンブラントの銅版画の後期の作品には、雁皮に塡料としての米粉を加えた、絹の様に滑らかで濃淡の仕上りを目立たさせるのに最適な日本の雁皮紙が使われました。イエズス会の『日本通信』にも、当時のペン書きの上で、平滑な日本の雁皮の優秀さが語られています。

しかし、日本の和紙が広く世界的に評価されるのは、日本が幕末に開国して以降のことで、一九世紀後半の三〇年間のことだったのです。

日本の和紙の歴史的変遷を集約したのが「和紙の料紙年表」Ⅰです。表は上欄が素材、原料となった材質、二段目が製品としての歴史的名称で、三段目以降は上から下に時代を記し、傍線で各々の変遷の経緯が一目で分かる形になっています。太線は最盛期を示し、原料として楮

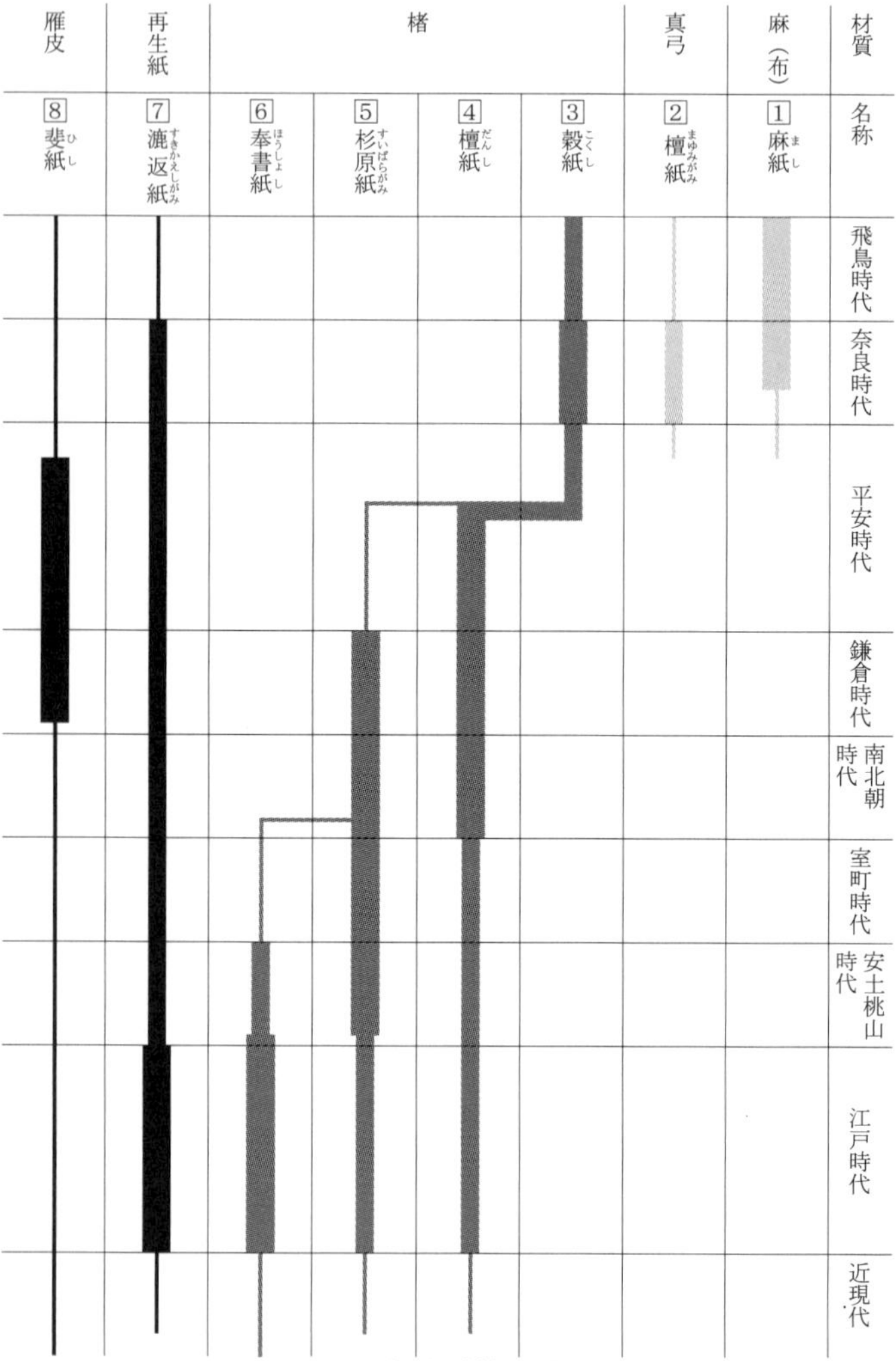
材質
名称
麻（布）
1 麻紙《まし》
真弓
2 檀紙《まゆみがみ》
楮
3 穀紙《こくし》
4 檀紙《だんし》
5 杉原紙《すいばらがみ》
6 奉書紙《ほうしょし》
再生紙
7 漉返紙《すきかえしがみ》
雁皮
8 斐紙《ひし》
飛鳥時代
奈良時代
平安時代
鎌倉時代
南北朝時代
室町時代
安土桃山時代
江戸時代
近現代

I　和紙の料紙年表

が圧倒的に多いことがお分かりいただけるでしょう。和紙の歴史は、素材となる様々な原料、麻（大麻、苧麻、ボロ布）、苦参、檀（真弓）、カジノキ、コウゾ類の楮系、ジンチョウゲ科の雁皮、三椏等の斐系や藁などの様々な原料を選び工夫する過程を経て、やがては全国規模で自生し、栽培も可能な楮のもつ原料としての利便性を最大限に活かした製紙技術が主流となって行きます。現在でも和紙の九〇％は楮が原料です。他方で長繊維の楮に比較して短繊維で密度・平滑度が高く、上質感をもった斐紙が作られましたが、原料となる雁皮は生育地が列島の中央から西で、栽培ができないため、絶対量が少ないという限界がありました。この両者に並行して、セルロースが水素結合したものである紙は、水に浸せば元に戻るというその特性を生かした再生紙が用いられました。平安時代を契機に原料が楮系、雁皮・三椏系、再生紙系に集約化されるに従って、時代時代で工程、技法も変化していきます。

現在皆さんが目にすることのできる紙漉きは、江戸時代以来の製紙工程を伝えるものであり、明治維新以降にもたらされた西洋パルプ製紙技術に対抗するため、土佐の吉井源太という人物によって用具や技法が大判に改良刷新されたものです。西洋のタイプライター用紙として世界に持て囃された一九世紀末の和紙の最盛期を作ったその功績は、現在に伝わる土佐典具帖紙によってその一端を知ることができます。

前置きは扨置き、和紙の原型となる紙の始まりを記した『後漢書』蔡倫伝に話を進めますと、そこには、昔から書冊は殆んどが竹木簡で作られていて、一方で絹から紙を作ることが行われていたとあります。しかし、絹は高価すぎて効率が悪く、主流であった木竹簡は重い上に綴じ紐が切れて錯簡となる欠点があったのを、蔡倫が一〇五年段階で樹皮、麻くず、ボロ布などから紙を作る技術を集大成し、これが紙の起源となったという有名な記述です。この蔡倫によって作られた製紙法が五世紀には我が国にも伝わりました。『日本書紀』推古天皇一八年（六一〇）三月条にみえる高麗が遣した僧曇徴と法定が伝えた製紙技術は、叩解の工程に碾磑《てんがい》（みずうす）を使用することによって得た、上質の紙を作る技術であったと考えることができます。

蔡倫の開発した製紙法は、新たにネリ（紙料を均等に分散させる植物粘液、中国では紙薬）を加える方法とみられ、東アジアへは大凡この様にネリに少し揺り動きを加える技法が伝播し、最も発展した姿が和紙となったものです。他方、西アジアへは七五一年のタラスの戦でサラセンに伝わったのを契機に中近東を経て回教圏からキリスト教圏へ拡がりました。欧州ではリネンを原料とする溜漉き技法で、原料となるボロ布の入手に苦労しますが、一八世紀の産業革命によって木材パルプを原料とする西洋の製紙法がつくられ、地球を一廻りして明治六年（一八七三）日本へ伝わります。これ以降、我が国伝来の技法を流漉きと称して、溜漉きと区別する様になってくる訳です。

次に古代の紙について話しを進めます。現存する最古の和紙遺品が『法華義疏』であることはよく知られています。私はこれが『書紀』にみえる推古天皇一四年（六〇六）、聖徳太子が岡本宮で『法華経』を講ぜられた時のものと考えております。七世紀初頭の国産の良質の麻紙に書写されたものです。年紀の明らかなものでは、「歳次丙戌年五月」（天武天皇一五年、六八六）の奥書をもつ『金剛場陀羅尼経』が最古のものです。漢訳されてから一世紀もたたない間に我が国の民間で書写されたもので、楮を均一に漉き上げた料紙から当時の技術の高さが推測できます。この遺品にみえる技術が八世紀における大規模写経事業の展開を可能にして行くことになる訳です。

古文書では、正倉院文書に大宝二年（七〇二）の御野・筑前・豊前三ヶ国の戸籍が伝わっています。楮を原料に均一の規格を基準に作られたことが分かります。律令国家はその行政運営上に公文書で意志命令の伝達や中央への報告が不可欠でした。律令社会が文書主義の時代といわれる所以です。律令国家の形成の前提には、全国的に紙を作る技術の普及があったことが御理解いただけると思います。

では、律令制下の製紙はどうであったか。幸いにも、材料と製紙工程の記述を「延喜図書寮式」にみることができます。『延喜式』は平安時代初め延長五年（九二七）に編纂された律令の施行綱則を記したものであり、これによって古代の紙がどの様に作られていたかが分かります。

ところで、律令基本の大宝令を改修した養老令（天平宝字元年、七五七施行）の注釈書『令義解』『令集解』等をみると、通常の紙作りは「造紙手」四人が司るとあり、具体的には山代（城）国に紙戸（紙作りを行う行政上の戸）五〇戸が充てられて、役所で使う日常紙を作らせていたことがみえます。造紙手は大規模写経事業の行われていた奈良朝には八人に増員されますが、平安時代の九世紀には五名に減員されます。その上には「造紙長上」という技師長が二名置かれていて、この造紙長上と造紙手による紙作りが、京の都における図書寮管轄下の官営工房の紙屋院へと展開し、ここで作られた紙が『源氏物語』に「うるはしき紙屋紙、陸奥紙など」と貴族の間で持て囃やされる紙屋紙として、宮中や太政官（中央政府）の公文書料紙以下に用いられるようになったのです。

一方、諸国の場合は、大国六〇人、上国五〇人、中国四〇人、下国三〇人と造紙手の定員があり、郡毎に二人の造紙丁が置かれていて、各地方においても律令行政に必要な和紙の生産が行われていました。これは現存する正倉院文書をみればよく分かります。恐らく戸籍・正税帳に代表される律令公文書料紙の製作には全国的な統一基準があったと考えられます。

宝亀五年（七七四）の「諸国未進の紙并に筆、紙麻等の事」を上申した「図書寮解」（正倉院文書続々修四〇帙三巻）には、西海道（九州）を除く未進のトータルが、紙が一五六五〇張、紙麻（楮・雁皮系の紙原料の総称）が二四八斤（一四八・八kg）とみえ、未納分の数量だけでも当時の諸国における紙生産の豊富さを窺うことができます。

「延喜民部省式」の諸役所で年間に必要な成紙と原料を書上げた「諸国の年料雑物条」を集計してみると、原料としての紙麻・斐紙麻二三六〇斤（一四一六kg）の貢納規定がみえ、これを「延喜図書寮式」の「紙料条」に照らし、歩留り等を含め集計すると、九七八〇〇枚相当、紙料の九〇%使用で、凡そ九万枚弱の成紙原料と、上質の麻紙三〇〇枚と斐紙一〇〇〇枚が中央に納められていて、九世紀には官営の工房を中心に全国的な規模の和紙生産が機能していたとみることができます。

次にこれを古代の製紙工程を記述した「延喜図書寮式」の「年料紙条」から考えてみます。「年料紙条」には年間に巾二尺二寸、丈一尺三寸（縦三五・五二×横六五・一二cm）の紙二万枚を製作するのに必要な原材料とその備品、用具等についての現物支給内容が具体的に書き上げられていて、当時の抄紙、紙漉きの実態をみることができます。記述にある穀皮一五六〇小斤

（原料三二二kg）、斐皮一〇四〇小斤（原料二〇八kg）から各々歩留りを引いた穀皮二〇二・八kg、斐皮一二四・八kgで約二万枚の成紙が可能とすると、紙料の九割使用で一紙相当の坪量（一㎡の厚さ）六三g／㎡程度の江戸時代の奉書の数値に近いやや厚手の上質な料紙を漉き上げていたことが推定できます。

これらがどの様な工程を経て作られていたかを「造紙条」からみてみましょう。「造紙条」には布（麻のボロ布）、穀皮（カジ、コウゾ楮系の靭皮）、麻（大麻、苧麻の靭皮）、斐皮（ガンピ、ミツマタ等ジンチョウゲ科の靭皮）、苦参（マメ科クララの靭皮）の五種の原料を、長功（夏）、中功（春・秋）、短功（冬）の季節毎に、煮→択→截→舂→成紙の各工程の一日相当の仕事量、ノルマの記述がみえます。これを図式化したの

Ⅱ 『延喜式』に記されている工程別労働基準
（『日本の紙』より一部訂正して転載）

料紙		布			穀			麻			斐			苦参		
功		長	中	短	長	中	短	長	中	短	長	中	短	長	中	短
煮	斤・両				三・五	三・四	三・二				三・五	三・四	三・二			
択	斤・両				一・一〇	一・九	一・七	一・三	一・〇	〇・一三	一・二	一・〇	〇・一五	一・五	一・二	〇・一五
截	斤・両	一・三	一・〇	〇・一三	三・五	三・四	三・二	一・七	一・四	一・一	三・五	三・四	三・一	一・二	一・八	一・四
舂	斤・両	〇・二	〇・二	〇・一	〇・一三	〇・一二	〇・一〇	〇・二	〇・二	〇・二	〇・八	〇・七	〇・五	〇・二	〇・二	〇・一
成紙	張	一九〇	一七〇	一五〇	一九六	一六八	一四〇	一七五	一五〇	一二五	一九〇	一四八	一二八	一九六	一六八	一四〇

がⅡ表で、原料を横並びにし、縦に工程を表わしています。一斤＝一六両＝六〇〇g。一両＝三七・五gで換算した場合で、穀の中功日を例示すると、煮三斤四両＝一九五〇g、択一斤九両＝九三七・五g、截三斤四両＝一九五〇g、春一二両＝四五〇g、紙漉一六八枚となります。

Ⅲ　『延喜式』の造紙工程における紙料作製時間

布	穀	麻	斐	苦参	
	1950g/日 0.92日		1950g/日 0.92日		煮
	937.5g/日 1.92日	600g/日 3日	600g/日 3日	675g/日 2.67日	択
600g/日 3日	1950g/日 0.92日	750g/日 2.4日	1950g/日 0.92日	900g/日 2日	截
75g/日 24日	450g/日 4日	75g/日 24日	262.5g/日 6.86日	75g/日 24日	春
27日	7.8日	29.4日	11.7日	28.7日	3斤(1.8kg)の紙料調製日数合計(中功)

　この一日の仕事量を成紙に至る前の過程の紙材料調合に必要な時間で図表化したものがⅢ表です。この表は三斤＝一・八kgの原料を例に、平均的な春秋の中功日を基準に一覧としたもので、穀・斐系とその他では工程上に明確な差異をみることができます。布に煮、択工程がないのは、ボロ布は劣化して引き裂け易く、塵取りの必要がないことを示しています。麻と苦参に煮がないのは靭皮繊維が固く、木灰（弱アルカリ）煮熟では繊維化ができないからです。布、麻、苦参は春工程に穀の六倍を要します。紙料化に要する楮・斐系と布、

麻、苦参の差が歴然としていることがお分かりいただけるでしょう。これが平安時代以降、紙料化効率の良い楮、雁皮に原料が収斂されて、製紙工程も大きく変化して行く最大の理由となったものです。

最後に『萬葉集』の中から和紙に関わるうちの三首を抜萃して話を終えることにします。

（一）春さればまず三枝の幸くあらば後にも逢はむな恋ひそ吾妹　（一八九五）

（二）白真弓斐太の細江の菅鳥の妹に恋ふれか眠も寝かねつる　（三〇九二）

（三）足柄の吾を可鶏山の穀の木の吾をかづさねも穀割かずとも　（三四三二）

このうち（一）の春になると真先に咲く三枝は三つに枝分かれした三椏で、斐紙の原料となったものです。（二）の白真弓は白檀ではなく、真弓の木を歌ったもので、奈良の檀紙の原料となりました。（三）穀の木の皮を割くのは、穀紙の原料となったカジノキの皮剝ぎの姿を詠んだものです。これらの歌から古代の紙漉きが当時の人々の日常の中にあったことを知ることができます。

万葉文化館サミット

―― 万葉古代学が目指すもの ――

（平成二十九年二月十二日（日）／於奈良県立万葉文化館）

【登壇者】（※肩書は当時のものです）
上野誠氏（司会）奈良大学教授・元万葉古代学研究所副所長
寺川眞知夫氏　同志社女子大学名誉教授・元万葉古代学研究所所長
松尾　光氏　早稲田大学非常勤講師・元万葉古代学研究所副所長
井上さやか　万葉文化館指導研究員

上野　今日のような雪の日に万葉文化館に来られた方は奇特な方でいらっしゃいまして、ご利益が10倍あるということでございまして、1回お参りしただけで10回お参りしたのと同じぐらいの功徳があると思っております。

皆さん、この「創刊にあたって」という中西先生の文章[1]の一番最初の上段の真ん中辺りなのですが、こういう一節があります。「そもそも『万葉集』は8世紀に成立した詩歌の集でありまして、中国の『詩経』や『旧約聖書』に収める詩篇、またバビロニア、ギリシャの叙事詩に比べると時代の下るものですが、日本のような古代文明圏の中ではやや周辺に位置した土地の産物であることを考えると、『万葉集』の成立には驚異的なものがあります」ということですが、中国の『詩経』や『旧約聖書』の詩篇やバビロニアやギリシャの叙事詩と比べたり、さらにはインドの古代文学、例えば、タミル語文献でしたら2世紀の文献と比較するような研究というのは全くなされていなかったのです。

どういうことかというと、近代100年の『万葉集』研究は鳥の目とアリの目があるとすると、一生懸命アリの目だけで細かく、細かくやってきた。これに対して、100年細かくやったのだから鳥の目も必要ではないかということなのです。例えば、この水色の紙に共同研究がそれぞれ挙がっております。(2) 非常に広い視野から進めてきました。この研究所には大きな課題が当初から与えられていたわけです。

そこで、松尾先生、寺川先生、井上先生にお聞きしたいのですが、広い視野から『万葉集』を見直してみることをわれわれはこの15年心がけた時に、共同研究等を通じて、そうか、広い視野から見るとこういう点も考えなければいけないなと思ってハッとした瞬間はありましたか。「ああ、そうか」と思った瞬間がどういう時であったか、お話ください。最初に松尾先生から。

松尾 松尾でございます。よろしくお願いします。今日何の話をするのかについては全く打ち合わせをしておりませんので、たぶん返答に困ったりつまったりすると思います。かねて言われていた話ではないので、準備不足のために不正確になるかもしれません。

私がいちばんびっくりした記憶といえば、２世紀のインドに歌集がある、インドにはそんな古いものが今も残されていると知ったことでした。それは高橋孝信先生のご専門のお話でしたが、共同研究に講師としてお招きしなければお目にかかれない先生で、この機会がなければおそらく終生お話を伺うことがなかったと思います。しかもご講義いただいた後も、先生は経費をすべて自分で持つからとおっしゃって、ずっとこの共同研究に参加してくださったのです。その経緯はともかく、インドの2000年近く前のタミル語の文献がとつぜん現代に出現することがあるという事実に、びっくりしました。

もう一つは、高橋先生がおっしゃられたのですが、その古歌群が既に形として完成していることです。そこにも、びっくりしました。２世紀ごろのものならば、さして程度の高くない未熟な歌でいいのです。古い時代なら未熟な歌だったんだろうと想像できるのに、それがもう十分すぎるほど定型化し、完成している。前半はおおむねこういう話だが、後半は誰が出てきてこういう展開になっていく。こういう天気だと、こういう話になる。そういう約束事が出来上がっていて、おおよそ筋書きが決まっている、というのです。

それを伺って私は、日本でもどの国でも、文化というのはひとたび成立すると一定のところまで成長してしまう。止めがたくサーッと発展しきってしまって、それで止まってしまうんだな、と痛感しました。かねて正倉院宝物に見られる数々のデザインについて、デザイン文化は完全に成長してしまった。正倉院宝物のデザインは現代人にも超えられない。現代のものもみなそのアレンジにすぎない、というようなことを記した書物がありました。それを読んで、そうなのかなと思っていたところへ、といっても20年ぐらいの間がある話ですけれども、このインドの古歌の話を伺って「文化というのは、成長しきってしまうんだ」と確信しました。古代史をふくめて歴史の分野には、時とともに発展するという考え方、発展史観がまだ根強くあります。ですがしだいに発展していくのではなく、あるものは発生したら成長するだけ成長してしまって、熟して止まりそして衰える。そういうことが2世紀の段階でも起こっていたのだ、とつくづく感じました。

ほかにも中国の少数民族の生活実態や習俗などを、はじめて見聞きしました。書籍ではなく映像でその姿・実態を確認したのははじめてで、とても強い刺激をうけました。驚いたといえば、これらがいちばんでした。

上野　皆さん、ある人が興福寺の天平彫刻はミケランジェロに匹敵すると書いたのです。でも、ミケランジェロより古いじゃないですか。だとしたら、ミケランジェロは興福寺の仏像に匹敵すると言うべきです。そういうことで言うと、ものの発展というものは、時間軸だけでは計れません。２世紀のタミル語だともう既に文法書、あとは詩学、詩の書というものがあって、それに基づいてさまざまなものがなされています。つまり、詩が残っているだけではなくして、詩を取り囲む学問も完成しているということです。われわれは近代、自分の生きている時代が一つの到達点で、遡れば遡るほど幼稚なものであって、ずっと発展しているわけではない。それほど単純なものでもないのですね。以上の点を、松尾先生の話から学びました。

同じことを言うと、一応、言われているのは『万葉集』は素朴である。『古今集』に至って技巧的なものが取り入れられ、『新古今和歌集』はその象徴的な表現の完成であるというふうに習っています。しかし、『万葉集』の中にも象徴的なものがあるし、それほど単純に発展しているわけではありません。これもこの研究所の大きな成果です。例えば、万葉古代学研究所の高橋先生の論考などを読まれるとそういうことがよく分かります。

そうしましたら、寺川先生、この万葉古代学研究所の研究に従事された中で、鳥の目で見なければならないとハッとした瞬間を、教えていただきたいです。

寺川　私は勘が鈍いからあまりハッとするようなことは実はないのです。それでも、私も一応、古代の研究を中心にしてずっとやってきたのは、時代がそうであったこともあって、訓詁注釈をしてきました。特に『万葉集』はそういう性格が非常に強かったと思うのですが、訓詁注釈やそういうようなことをきちんと詰めていくという非常に細かい、先ほどの言葉で言いますとアリの目といいますか、そういうような目でやっていくことが研究の基本であると、これは今も変わらないと思うのですが、そういうことをやることが勉強することだというふうにずっと教わってたので、そういう方向からいろいろなことを勉強してきました。

しかし、ここに入ってある意味では非常にそれとは違った、鳥の目と言われましたけれども、もっと大局的にものを見るといいますか、この研究の一番最初、ユーラシア大陸と『万葉集』というテーマが出され、『万葉集』はユーラシア大陸のいったい何を受けているのか、特に中国のものは先ほど出ました、例えば、『詩経』や『文選《もんぜん》』というような先行する作品があって、その表現をどのように受け入れているのかということを中心にして、訓詁注釈という言い方をすれば、そこからどういう言葉を学んで、どういうふうに歌の中で生かしているか、この歌の表現に使われているかというようなことが中心の研究であった。しかし、そうではなくてヨーロッパ、あるいはその他の地域と『万葉集』をもし一緒に研究するとしたらどういう方法といいますか、どういうふうなところに目を向けないといけないのかというようなことを考えざるを得ないことになったわけです。

その時に発想といいますか、いわゆる個々の表現上の影響関係ではなくて、発想の中に共通するものがあるということを考えないといけない。つまり、いろいろな文学作品が、例えば、多くの場合、伝承といいますとインド発祥のそれが伝播して日本に来ている。こういうかたちで説かれることが多いわけです。しかし、それだけでなくて、それぞれのある条件が整った時には全く違う所で同じような発想をするものも生まれてくることがあるということを考えないといけないのではないか。あるいは、そういうことに気づかされることもある。『万葉集』のものがある歴史的な条件が整えば、全く違った所で同じように作品が生まれてきているということだろうと思うのです。

『詩経』ですと、『詩経』の中にはご承知のとおり国風という民謡を記録したものと、それから、大雅・小雅のような宮廷歌謡を記録したものとがあります。『万葉集』の中にもそういう要素がある。そのままではありませんけれども、民謡的な要素、あるいは、宮廷の中で中国の使い方とは違いますけれども、宮廷の中で宴会というような席の中で歌がうたわれていくというようなものもあるわけです。そういう時の発想はいったいどういうふうに歌というものが歌われるのかということを考えてみるべきではないかと思いました。

しかし、そういうものは大雑把で、いったい根拠は何かということになると非常に難しい面もあるのです。しかし、そういうことを考えることによって分かってくる部分もあります。

『万葉集』の中には宴《うたげ》の中の歌もありますが、宴ではいったいどういうことを歌うのか。民謡の世界といいますか、『詩経』とは少し違いますが、例えば、これは『万葉集』というよりは『古事記』あるいは『日本書紀』の歌謡のほうに近いのかもしれませんが、宴席で歌われる歌というのはいったいどのようなものか。『万葉集』の中にはそれと同じような発想で歌われているものがあるのか、ないのかというようなことも考えないといけない。

宴席の歌はできるならけんかをする内容ではなく、場を和める、あるいは招待者をたたえるような内容をめざす。あるいは、その中の中心の人たちを褒めそやすようなこともあるとすれば、これはどこでも同じ発想になるわけで、そこのところにそういうタイプの歌が生まれてくる。

ですから、ものの考え方が共通する条件が整っていれば、だいたい似たようなものが生まれてくるというようなこともあるのではないか。非常にあいまいな部分もあるのだけれども、そういうことに目を向けていくことによって見えてくるものがあることに気づかされる。一方ではそういうことをしないといけないのではないかというようなことを考えるようになってきた。ですから、訓詁注釈はおろそかにしてはいけませんけれども、そのことを踏まえながら、そういうものの枠を超えてものの考え方を広げていくことが非常に重要ではないかと思うようになったということです。

上野　松尾先生は、歴史というのは一方向にだけ発展していくものではないことを述べられました。それに対して寺川先生は、多元的に同じようなものが生まれることはあり得るのだということを述べられました。宮廷詩なら、宮廷詩に特徴的なものの表現がインドの宮廷にもあり、中国の宮廷にもあり、日本の宮廷にもあるということです。つまり、それぞれの宮廷詩の特徴というものがある。そういうようなものもあるし、宴で共に食事をし、共にお酒を飲んで人の輪をつくろうとする時の歌については共通点があるのだ、ということをおっしゃったと思います。

多元的なものの見方で研究をするためにはいろいろなことを知っていかなければいけないと思うのです。一応、仏教文学の場合はインド起源、中国起源、日本起源というようなものを考えていく必要があります。つまり、仏教を介してユーラシア的な広がりを日本文学は持っていると思うのです。寺川先生自身、『日本霊異記』の研究の中でそういうことを早い段階から思っていらっしゃったのでしょうか。それが万葉古代学と結びついていったのでしょうか。そこのところはいかがですか。

寺川　私は、『日本霊異記』の場合は結局インドまではなかなか行かない。中国の中で成立した、あるいは敦煌《とんこう》ぐらいまでで成立した説話が日本の中にどう受容されて、どう定着したか、定着する時にどう変容したかというようなことを中心に考えてきたわけです。

しかし、確かに言われるように、もともとこれはインドの、仏教というのはインドですから、『日本霊異記』の編者の景戒《きょうかい》も意識していることですけれども、粟散辺土《そくさんへんど》といいますか、粟を散らしたようなインドから考えたら本当の端っこの世界である日本にも仏験《ぶつげん》が起こり得るということを語っているわけです。それをいちいち確かめていこうというのが『霊異記』だと思っています。ですから、そういう中で日本人が仏教をどのように受け入れてきたかということを中心に考えたわけで、共通するという意識はそういう意味では少なかったかもしれないと思います。

余計なことを言いますと、『万葉集』の中にも仏教の影響を受けたものは、そんなことを言うといけませんけれども、ちょっと言えば『万葉集』の研究者は多くの場合、神道家といいますか、国学で神道に親しみを持っておられる方で、仏教的なことはなるべくなら否定的にお考えになろうとする方もいらっしゃった、そういう方の影響が非常に強いわけです。ですから、人麻呂の中に仏教的な性格のものがあっても、それは日本古来のものであって仏教の影響ではないとおっしゃったのです。しかし、全体を見てみれば、人麻呂もかなり仏教の影響を受けているわけです。とくに、憶良などは仏教の影響を明確に受けています。

その中に人が亡くなったら悼むというところでもちろん挽歌も生まれてくるわけですし、共通の発想が出てくる。あるいは、それらから思想的な影響を受けている。特に憶良は思想的なものもあると思うのですけれども、仏教に対する『万葉集』の研究者の関心は薄かったわけで、いろいろな常識的な範囲ではずっと今のところは見られておりますが、そこから切り込んで、例えば、憶良の発想はいったい仏教のどういう思想に基づいているのかというようなところまではなかなかいっていない。しかし、やはりそういうことを考えないといけないようなものもあるように思います。

ですから、そういう視野を広げると言うと問題があるかもしれませんが、仏教のいったいどういうところを見ていけば、それが分かるのかというようなことはかなり訓練しないといけないところもあって、憶良の日本挽歌と言われているものの前に詩がありますが、その中に「釈迦も涅槃《ねはん》の苦を免れたまわざりき」というように、涅槃の苦と言っています。涅槃というのはニルバーナで、言うなら平安、心穏やかな世界に入っていくことが涅槃ですけれども、泥洹《ないおん》の苦です。そのようなお釈迦さんが亡くなる時にやはり死の苦を免れなかったというようなことを憶良は書いているわけです。

これは仏教の常識からすれば、逆のことを言っているわけです。涅槃になれば、それは安らかな世界に入るわけなのに、それが苦だと言っている。いったいどういうことかというと、これもあれこれ調べてみると全く根拠がないわけではない。つまり、その時代の中で一番大きな影響を持っていた法相宗の基礎学である『倶舎論』の影響を受けて、やはりそのようなことを言っているのではないかと思われる節があるということです。ですから、そういうことになってくると全く別々というよりは逆にある仏教に関するかなりの知識を持っていて、それによって常識的な仏教の考え方と違うところで表現しようとしているようなところもないわけではない。そういうレベルに憶良は入っていると思います。

ですから、そこのところはそういうことまで見ていこうと思うと、もしかしたら間違っているかもしれませんが、かなり深く見ていかないといけない部分があるということだろうと思います。ですから、上野さんの出された問題とは少し違いますけれども、仏教というのは『万葉集』をやっていく場合もかなり人によっては意識しないといけない部分があるということを申し上げたいと思います。

上野 おそらく漢字と儒教というのは日本と中国が同じ土俵に乗れる、同じ共通項になると思うのです。仏教となると少し広くなって西域《さいいき》も入るし、インドまで入るというようなことになります。もう一つは、日本語の歌になると日本語をしゃべる人たちの地域性の問題になってくる。内と外で見た場合、中国が意識されている場合、中国を超えた広い世界が意識されている場合、などがあります。

今、寺川先生から、重要な発言がありました。私は、憶良の基本的な釈迦の理解というものは、悩みだと思っています。結局、懊悩を免れ得なかった。あとは、子供を愛するということからなかなか逃れられない。まさしく、「子等を思う歌」がそうなのです。そういった点をどのように見ていくかということが仏教と日本文学の関係を考える上で重要だと思うのです。

お待たせしました。まさに今、現役でこの研究所を支えている井上さん―。ほぼ大学院を修了してから万葉古代学研究所を中心に研究活動をされてきたと思うので、万葉古代学第1期生とも言うべき方だと私は思っています。鳥の目の万葉古代学というものに接せられて、ハッとした瞬間を教えてください。

井上　本当に不肖の1期生でちゃんとした答えがたぶんできないのですけれども、今おっしゃっていただいたように大学院を出て2年半ほど非常勤講師などはしておりましたけれども、ここに来ていきなり「ユーラシア大陸と『万葉集』という共同研究の題を聞いた時にやはり一番衝撃だったなと思います。和漢比較という言葉はわりと古くからありますように、やはり漢字文化圏であるということで古代文学と中国文献との比較ということはわりにされてきた。そういったことも学んでいかないといと思ってこちらに着任しましたら、東アジアも乗り越えてユーラシアと比較する必要があると当時の中西進館長がおっしゃられて大変びっくりしました。

やはりそれまでの日中比較、和漢比較という観点から言うと、今までの先生方のお話にも出ていましたように直接の影響関係をたどる。時間軸も併せてどちらが先行するかということも厳密に検証が可能ですし、文献同士で語彙や表現の比較が可能であるということで論証ももちろんできる。そういったことをもちろん中西初代館長も若いころからされてきたことで知られていましたので、それは想定内だったのですけれども、さらに「もう井上君、今そういう時代じゃないんだよ」と、時代はユーラシアですと言い切られて、ユーラシアと『万葉集』をどう比較したらいいのでしょうかとさっぱり分かりませんでしたので畏れ多くも伺いましたら、今、君がイメージしているのは影響比較というものであって、それとは違う対照比較という手法がある、と。

それが今、先生方がおっしゃったように時代も地域も直接の文献上の影響関係も考えずに古代という時代の特徴として同じような現象がある。あるいは、その時代の変遷、変化というものが全く無関係のところでも、人間が考えることだからと言えばそれまでなのでしょうが、似た現象を抽出することができる。例えばそういうような、比較対象をそれぞれの影響関係を考えるのではない文学や文化の研究手法があるということをおっしゃっていただいて大変衝撃的でした。

その中で、やはり第1回目の主宰共同研究というのは印象的です。先ほどからお話に出ている高橋孝信先生のタミル語の完成度合い、それに加えて私はもう一人、月本昭男先生という古代オリエント学をやっていらっしゃる先生が、『聖書』よりさらに遡る表現をずっと研究していらっしゃる方で、ご自分の報告をされる時に専門とされているのがメソポタミアの文化ですから、粘土板に鳥の足のような足跡がいっぱいある楔形《くさびがた》文書がございます。あれの実物を持っていらして、どうぞ、触ってくださいとおっしゃって、それが非常に印象に残っています。そういう研究には触れたことがなかったので、大変印象深く覚えております。

上野　やはり、比較ということは重要ですね。例えば、宴の歌の場合はインドでも日本でも中国でも、まず一番最初に主《あるじ》を褒めなければいけない。それはお酒を出してくれる人だから。主がいい人ですねというふうに言わなければいけない。そういう点は同じですね。広い視野で勉強していくと似たようなものが出てくる。井上さん自身、ちょうど学問の大学院を終わって一番円熟した時期にスケールの大きい共同研究に参画されたことは、井上さんの研究者の人生の中で今後どのような影響を与えてゆくと予想されますか。

井上 本来でしたらもう少し私がきちんと体系的な学問を目指していかなくてはいけない年代に差し掛かっていますし、そういうことができたらよかったのですが、基礎学力がやはり何としても足りていないというのが問題で、開館当初から感じ続けて15年たってしまったのですが、自分としてはこういう広い視野で問題提起していくことを何とかやれるようになりたいと思ってはいるところです。

特に5年ほど前から先生方が通ってくださる環境ではなくなりましたので、大変厳しい状況だと思うのですけれども、そういう中で共同研究を進めていく時には、万葉文化館らしさとは何だろう、万葉古代学とは何だろうということはやはり常に自問自答しながらやってまいりました。その中で自分の力不足を毎回痛感するというところが本当に忸怩《じくじ》たる思いなのです。ですから、一言で言えば、体系的に大成することはたぶんできないだろうなとあきらめも感じているのです。ただ、中西先生の発案したような、そして、今日お越しいただいた先生方が育ててくださったような万葉古代学や万葉文化というものを問いながら、ほかではできない共同研究の視点を模索し続けるのがせめてもの私の果たせる役割かなと、そのように考えております。

上野　自分には基礎学力が備わっていると思っている人は、だいたい基礎学力がない人です。足りないな、足りないなと思っている人は、足りないところがわかっている人です。私にはそれがよく分かるのです。高校の時に数学の先生から「上野、おまえ分からないところがあったら何でも聞け、何でも聞け」と言われても、分からないところが分からないのです。ということは、分からないところが分かるということは素晴らしいことなのです。

実は私が今まで会ったお坊さんの中で一番おもしろい方だったのですが、加藤精一というお坊さんが春日大社のシンポジウムにやって来て、「上野さんな、だいたいな、仏教者で悟り、悟りなんて言ってるやつでな、ろくなやつはおらんぞ」と。それと同じですので、全然気にする必要はないと思います。

今、いちばん大切なのは、大きな視点を持つということです。この点を見ていただいたら分かると思うのですが、万葉古代学研究所は必ず報告書を毎年きっちり出しているのです。研究所の所報が1号から14号、もし新聞記者の方がいらっしゃったら特記して帰ってほしいのですが、こんなに期限に遅れずにちゃんと所報ができている研究所は日本中どこにもありません。それと同時に、これだけさまざまな共同研究の方から原稿をいただいているところもありません。ということは、松尾先生と井上先生の原稿の取り立てがいかに厳しかったかということであります。これだけがんばっているところはないのです。

そこで、お聞きしたいのですが、松尾先生は古代学研究所に関わって大きな研究をされてきたわけです。松尾先生で研究歴40年ぐらいですか。寺川先生で研究歴50年です。私で研究歴30年、井上さんが20年かですが、この中で万葉古代学研究に出合いましたよね。それも含めて戦後の古代史なら古代史、仏教文学なら仏教文学研究、『万葉集』なら『万葉集』研究、自分が携わっている研究の中で感じた大きな大きな波について話してください。

例えば、歴史学研究だったらもう戦後間もなくの時にはマルキシズムをベースとした研究から実証的研究になっていって、その実証的研究も律令研究から律令研究以外のところに広がっていく。仏教文学の研究も最初は曖昧模糊としたものがもう厳密な出典論研究に変わっていく。『万葉集』研究も今や木簡研究から大きな影響を受けています。今まで各先生方が研究者人生の中で体験した大きな研究のウェーブ、どういう波を自分は感じて研究をしてきたのか。戦後のそれぞれの古代学研究の大きなウェーブをどのように感じていたのかということを話していただきたいのです。

だいたいこういう話は、恥ずかしくてなかなかできないのです。例えば、飲み屋などで飲んでいる時に、「寺川先生、戦後の大きな研究のウェーブについてどう思われますか」というふうになかなか聞けないでしょう。親しいがゆえにそういうことは聞けないのです。また「松尾先生、この日本史の古代史研究、戦後を総括してどういうふうに考えられますか」となかなか聞けないのです。「昨日食べたたぬきうどん、おいしかったですね」などそういう話に終始してしまうので。大きな研究のウェーブから見て、万葉古代学研究の位置付けをしてほしいと思います。松尾先生からお願いします。

松尾　具体的に申し上げるのには準備がなく、また私のやってきたことが研究の名に値するかどうかに異論もありましょうが、私が研究を志して史学科に入ったのは1966年です。それ以降で大きなウェーブをなしたもの、もっとも大きな波を描いたものといえば、先ほどお話しした発展史観です。物質の属性は運動であり、物事は時間と共に発展していく。発展は止まることがなく、どう遮ろうとしても封建主義社会から資本主義社会になって社会主義社会に進むのだという、今から思えば楽天的すぎる歴史の見方ですが、当時の学生の間では支配的な歴史観でした。

一時期の私の脳裡には発展史観が強く刻まれていましたので、やがてそれを転換しようと藻掻きはじめました。そういう時に、先ほどのインド古歌の話もそうですが、目を醒めさせるような話や体験はとても印象に残ります。自分がそういうことを疑問に思い気にするようになると、そうした話が印象に残ったり耳に入ってくるようになるのです。これはどんな話でもそうです。同窓会などで卒業生に聞くと、某先生のあの時の話はとても良かったとか、先生の一言で私は立ち直りましたとかの話をよく聞きます。あるいは「この一冊を読むことをお勧めします。私の人生を変えた本です」とかいいます。そうした話は、すべて自分がその時期にその問題に取り組み、気にしていた。だからそのときのその話が、その人の胸に深く沁み込んだのです。話の内容が同じなら誰もが感動し胸深く浸透する話なんてないのです。言った先生も、周りの友人たちも、何とも思っていない話だったりするのです。「転機を作った出会い」とか「この一冊」などはそういう種類の話ですが、ともかく聞く人のその時の状況・心境で強く印象付けられることがあります。

そうしたことなのですが、発展史観はその時代の多くの人たちがそう思っていたもので、物事は必ず発展の方を向いている。時代と共にすべてが発展していくんだ。その発展の過程を跡づけて叙述するのが歴史に携わる者の仕事だ、となっていたのです。その指標・拠り所が、ベルリンの壁の崩壊と前後してものの見事に消えたわけです。近年でもそういうことを言う人はいるかもしれませんが、ほとんど姿を消しました。物事も社会も、ずっと限りなく発展していくとは言わなくなりました。そういう波をずっとかぶってきた者として、その軛《くびき》を逃れるのはなかなか大変です。自分の発言が発展史観の尾を曳いてないかも不安ですが、今度はそうでないとするとどのように物事を見て描いていけばいいのか。それがあらたな課題となってきます。

今、私が克服すべき一番の課題としているのは思い込みです。歴史観は思い込みを作る工場です。そこの工員だったわけで、自分が思い込んでいるためにそれがちゃんとあるのに見ない・見えない。そういう状況をどうやって自分で越えるか。もともと研究者ほどものわかりの悪い人間はいない、というのはご存じと思います。なぜなら、人がこのぐらいでいい、だいたいこんなもの、で納得している。それを「それはちょっと違うんじゃない」とか言ってしつこく追い求めるから研究者になるわけです。まぁこれでは分からず屋にしかなりませんが、自分がいい加減にだいたい分かっているとしてきたのは思い込みで、実は違うんじゃないか。

例えば、江戸時代の農民は胡麻油のようにトコトン搾り取られ、ひどい飢饉で苦しめられて多くの人が飢え死にしていった。幕府の鎖国政策によって世界から取り残され、ものを知らされずに後れた時代を生きていた。それに比べて、明治国家は世界に雄飛し、人々の暮らしも近代的になって良くなった、と。そういう時代観・社会観をつくったのは誰なのか、なぜそう思わされてきたのかを考え、その色眼鏡を外さないと、ほんとうの江戸時代は見えてこないのです。江戸時代の人たちは不幸に堪えてきたと思われていますが、『逝きし世の面影』を書かれた渡辺京二さんが「いや、そうではない」と新しい江戸時代像を提示されました。読んだ当座は「何、この話」とか思いましたけれど、自分の思い込みを問われていたのです。発展史観をふくめてすべての思い込みを外すことは、いまも私の大きな課題です。

もう一つの大きな波を描いた課題は、大化の改新はなかったという説です。大化改新虚構説（批判説）も、1960年代から1990年ぐらいにかけて、私たち世代の大きな課題でした。大化改新虚構論とはいいますが、大化の改新があったかなかったかなど、どうでもいい。議論の核心は、『日本書紀』の本文はどれほど信用できるかにありました。『日本書紀』の文言は物事が起きた当時の、そのままではない↓のちの人が、いかようにも変えられる↓変更した意図は何だったか。つまり『日本書紀』に記されているのは本当の歴史的事実でない。実はこういうことだったのだが、こういう意図があってのちにこう変更した。そこから各種の思惑が議論され、それによって各種の改竄例が提出されはじめました。いまや小説家をふくめたいろいろな立場の人が多様な時代像を提案しはじめたわけです。

しかしこの議論に参加するどの人たちも、『日本書紀』の記事を全く使わないで新しい古代史像を描き上げることができず、『日本書紀』に記されている事実をもとに古代史像を提供します。そうなると、つまり『日本書紀』は大雑把に言えば信用できない。しかし、ここの部分は信用できるから、こういえる。でもここのところはこういう意図のもとにうそをついたものだから信用できない、度外視していい、とやっていくわけです。それが今も続いていて、「ここのところは信用できない」と自分は勝手に思う。「ここは信用できる」と勝手に思う。『日本書紀』の中の信用できる部分と信用できない部分を自分で勝手に選り分けて話を作っているのです。ですから恣意的という非難を甘受しさえすれば、おもしろおかしい古代史像を皆さん方に提供することは、いくらでもできます。

今、まさにその議論の真っ盛りです。大化改新の虚構・批判の論争は、難波宮発掘によって虚構論が説得力を失って終わりました。大化の改新という国政改革があったかなかったかと言えば、大化の改新の詔《みことのり》はなにがしかの原文が存在したと思われます。それなしに難波宮が造営されることはない、という共通認識が出来たのです。いまや白村江《はくすきのえ》の後であわてて国政改革をはじめた、中央集権化は天智朝からスタートしたと主張する人は、ほとんどいません。しかし後遺症といいますか、『日本書紀』は信用できないという風潮が蔓延しています。『日本書紀』はどうやってできたのか、どういう方針でどういうふうに出来上がっていったのかという編纂過程が明瞭にならない限り、この論争の核心部分はまだまだ終わらないでしょう。大波が残した余波ともいえますが、むしろ虚構論より大きな波です。きっかけは解決したけれど、もっと大きな課題が残された。その論争のさなかにあると思います。

上野 なるほど、思い込みはものを見えなくしてしまいますね。ものを見ることの難しさを私は、松尾さんの話から学びました。皆さん、こうやってこうすると何か大仏の印のように見えるでしょう。でも、おそらくお金がない人には金くれというふうに見えるはずなのです。

そこで聞きたいのですが、戦争で私たちの価値観は大きく変わりました。そして、さまざまな歴史の虚偽が明らかになってゆきます。そこから戦後復興で発展していく、高度経済成長で発展していく。そういったなかで発展史観というものが受け入れられたのではないでしょうか。

松尾 あると思います。現実に高度経済成長下では、眼前の社会にしだいに多くの物資がしかも前よりももっと良い品物が満ちてくる感じを受けていました。資本主義社会における幸福は、数量で測られることになっているそうです。ほんとうは数量の増加・多少で測るというものの捉え方に問題があるのですが、資本主義社会では人間の何たるかとかを考えず、数量を多く生産する、人より多く持っている、何かを多く作り出すことを社会の発展の尺度とするのです。この尺度でものを見たときに「よかった」のが、高度経済成長の社会です。

その時代の昂揚した雰囲気と資本主義の論理がかみ合っていた。資本主義社会では幸福の基準が人間の豊かさや何か抽象的なものとならないのです。あくまでも数量化されたもの、あるいは数量化できるものを規準として幸不幸を判定するのです。その上で数量のより多い人を幸福者と認定するのです。ですがよく考えてみなくとも、家を1軒持っている人は2軒持っている人の半分しか幸福でないのか。2軒持つのは幸福どころか、苦労が多いと思います。掃除、洗濯……。別荘を持っていればキツツキに穴を開けられるし、大変でしょう。車を2台持っている人は4台持っている人のちょうど半分しか幸福じゃないのか。私は持とうにも車をそもそも運転できませんが、そういうように数量の増加が評価され、それがだれの目にも見えて、また誰の手元にも増えていた時代だったから受け入れられたのだと思います。

上野　国文学研究は幸いなことに表現の研究と芸術研究だったので、それほど大きくマルキシズムの影響を受けなかった。ただし、逆に言うと社会に対して鈍感であったとも言えると思うのです。こういう話は絶対に面と向かって聞けないのですけれども、寺川先生は西郷信綱さんが出てきた時はよくご存じですよね。非常に格好よかった。西郷信綱という人は既成の国文学界とは一線を引いて活動した人ですよね。その上で自分の主義主張を通しながら新しい学問を作っていった人で、1970年代ぐらいまで非常に格好よかったと思います。では、今の寺川先生の目から見たら、西郷信綱はどう評価できますか。先生、西郷信綱をどう思いますかというのはなかなか聞けないです。一つ先に聞かせてください。

寺川 やはり一時代を画した人ではあります。私は必ずしも西郷さんと同じ立場に立つわけではないのです。しかし、いろいろな歴史的なものの見方、歴史というものを考慮したところで文学を考えていくという考え方自体は、私はある意味では影響を受けたところだと思っているのです。余計なことを言うと、私が西郷さんに初めて会ったのはこの飛鳥なのです。

上野 え？ 会ったのですか。うらやましい―。

寺川 ええ、お会いしたことがあります。

上野 聞いてよかったですね。いや、西郷先生はもう亡くなった大学者です。それで、会って、どういう感じでしたか。

寺川 いや、最初に会った時は誰か分からなかったのです。橿原公苑の中に泊まる所があって、万葉学会が飛鳥を舞台にして、万葉旅行をしたのです。その時に黒ずくめの服装をして細身の人が阿蘇瑞枝さんや松下貞三先生と一緒に歩いておられたのです。私はその後ろからついていったのです。誰かに「あの人は誰か」と尋ねると、「おまえはあの人を知らんのか。あれは西郷さんだ」と言われて、西郷さんというと何かもっと隆盛のイメージで何となく大きな人だと思っていたものですから、こんな小柄な細身の人で、しかも、非常に格好いいというか、ダンディな服装をしている人でしたからびっくりしました。その時に西郷さんはこういう人かと思った次第です。

しかし、西郷さんと私の先生だった土橋寛先生は英雄時代論争で研究の立場を異にしておられたので、あまり深入りはしなかった。しかし、時代の風潮、後で私もお話をしようかと思ったのですが、いわゆる歴史社会学派といいますか、そういう時代をリードした人だったので、その思想や、そういうことについて言うと私も、文学の研究の方法には非常に大きな影響を受けたというところではないかと思っています。

上野　そうしましたら、そのことも含めて先生の五十年の研究者人生の中で大きな波を感じられたところをお話しください。

寺川　こういうことを言うと一昔前だったら、「何や、おまえは」と言われたと思うのですが、今だったら言ってもそれほどではないかなと思うのですが、私自身は非常にものの考え方は田舎生まれだったからそうだったとは言いませんけれども、保守的なところがありました。ですから、そういう意味で言うと、必ずしもいわゆるあのころの進歩主義ではありません。先ほど言われたことと関係するのですが、進歩的な考え方に必ずしもついていけなかった人間なのです。

ところが、私が入った神戸大学は永積安明先生と猪野謙二先生がおられて、いわゆる歴史社会学派というか、そういうものを引っ張った場所だったのです。同志社に行ったら同志社でまたそういう人たちの一つの拠点であったのです。ですから、いわゆる歴史社会学派と呼ばれる進歩主義的な発想の人たちの授業といいますか、教育をずっと受けたわけです。その時に私は方法としては学ぶけれども、基本的な思想そのものは影響を受けないようにしようと思って実はずっと踏ん張ってきたつもりでいるわけです。

そのころは『日本文学』という雑誌が歴史社会学派の人たちの拠点であったわけですが、それを買えと言われたけれども、ある時期まで買わなかった。その後、研究者になってからは買いましたけれども、そういうようなところが実はありました。ですから、私にとっては歴史社会学派の人たちの影響というのは非常に最初大きなうねりとしてぶつかってきたという感じがしていました。そういうものがある時期からだんだん薄れていって、こんな人が編集しているのかと思うような人たちが『日本文学』を編集するようになって、歴史社会学派も変わってしまったなという感じを持っています。そういうことが一つです。

それからもう一つは、説話を最初やったわけです。仏教文学です。そうすると学会の懇親会などで、おまえがやっているのは文学なのかどうかと、特に『日本霊異記』は文学ではないと言われました。あれは仏教の宣伝書であって文学ではない。ですから、益田勝実さんという非常に優れた、私はこの方を尊敬しているのですが、この方もこの説話は文学だけれども、この説話は文学ではないというような腑分をされた。そういう時期です。その時にある先生がおまえのやっているのは文学研究なのかと言われてとまどったのですが、いわゆる研究はすべて文学の研究としてしないといけないということが非常に大きな負担としてずっと私の研究にのしかかってきていた。

ところが、それが何年か前、今、私が教えた子で四十代ぐらいの人たちは最初から文学なんていうことは問題にしなかった。研究の最初、特に仏教文学の時にはそういうことを問題にしない。つまり、作品として最初から考える。それは一つの言説といいますか、言葉のような断片的なものであっても、それは一つの表現としてとらえよう。それは文学であるかどうかは問題にしないというような方向に来ているのではないかと思います。

そして、そういう動きを導いた方が、何年か前におまえのは文学ではないと言ったということで自分がやってきたことはいったい何なのだと、ほかの人が陰口をたたいたこともあるわけですけれども、彼が文学と言いだしたというようなことが話題になりました。今はそのような時代にたぶんなっていて、例えば、調査研究など、中世ですとそういうことが一つの大きな研究の動きになっていた時期が近年まであったと思います。

もう一つは、私は『日本霊異記』をやっていましたので、その時に思ったのは研究というのがほとんどかつては坊さんたち、寺院の出身者がやっていたわけです。そうするとどうしても宗派性の問題など、いろいろなことがそこに影響して研究がなされていたというようなところがありました。私自身は全然寺院の宗派と関係なく、ただ単に大蔵経などに頼って、大蔵経の索引を使ったりしながら作品の言葉を調べていくようなことをずっとやっていましたので、その時にやはり仏教文学というものはお坊さんでないとできないのかなという一面と、彼らのやり方と違うもので新しいやり方をやっていきたいと思った最初ぐらいになったのではないかと思います。今はもうお寺や、寺院出身と関係なく、ごく普通に一つの文学作品として、文学と言うとあれですが、そういう作品として研究されるようになってきています。

私が感じたのはその三つのことです。歴史社会学派のうねりです。これはもう本当に今は少し引いたけれども、やはり基本にはそのことが大きな流れとしてあるように思います。ただ、その中で先ほど益田勝実さんの名前を出しましたけれども、学生時代に『伊勢物語』の中では「梓弓」という題がついているのではないかと思いますが、「梓弓引けど引かねど昔より心は君によりにしものを」という歌を詠んで死んでいった女性の物語です。その時に「三年《みとせ》かえり来ざりければ」という表現があり、「三年来ざりければ」というのは何かというと、これは律令の中に戸婚令というのがあり、その中に理由もなく三年間夫が通ってこなければもう離婚といいますか、ほかの男を迎えてもよいと法律上そうなっていた。実際、法律のとおりに結婚がなされたかどうか分かりませんが、それ以外は野合になるわけですから、法律の中にそういうことが書いてあって、そのことを踏まえながら『伊勢物語』というようなものも書かれているのだということをその時に益田さんに教えられました。

それと同時に、もし文学であってもいわゆる国史大系に出てくるようなもの、同時代のものをちゃんと読んでいかないと文学作品というのは理解できないのだというようなことを言われて、それを真正直に受けて、その後、十分理解もできないようなものを読んで勉強しようとしたことをふと思い出すのですけれども、そういうようなものもいわゆる歴史社会学派の人たちの持っていた新しい文学に対する取り組み方の一つだったのではないかと今は振り返ってみています。そういうものの恩恵も受けていることは確かだと思っています。

上野 大きく見ると歴史社会学派そのものは力を失ったけれども、例えば、律令というものを通じて解釈しなければいけないところもあるし、文学というふうに限定しないと見えてこないところもあるので、それをどういうふうに補っていくかということを日本文学研究の中に植え付けたことは大きいところであったかと思います。

ちなみに、私は日本文学協会の委員であると同時に万葉学会の編輯長です。これは1960年代であれば、左翼のセクトと自由民主党が合体したようなぐらいの大きな出来事だったと思います。しかし、それは簡単なことでありまして、研究者人口のパイが小さくなってしまったのです。ですから、みんなで掛け持ちしているだけの話なのですが―。しかし、そういう時代になってきたのですね。

井上さんは、まさにこの奈良の地から日本文学研究および万葉研究の大きなウェーブを見てきたと思うのですが、井上さんが感じた波というのを、向こうの大先輩たちは見ている時間が長いですから大きな波を見られるのですけれども、われわれは若いですから小さい波しか見られないのですが、小さい波で結構ですので、どうぞ。

井上　ありがとうございます。一番最初に思い浮かぶのが、これは近年かもしれませんが、国文学という言い方が日本文学に変わったというのが非常に象徴的だったなと思います。母校も例えば、大学を受験する学科名としては最初は国文学科だったのですけれども、卒業した後やはり日本文学科に名称変更して、これは全国的にそういう傾向があると思います。もっと変わったところではもう何の学問の学科なのかよく分からない人間文化学科など、何でも入ってしまえるような学科名に変わったというのも非常に象徴的で、『國文學』という雑誌や、『解釈と鑑賞』という雑誌も廃刊されたというのがここ数年、せいぜい10年ぐらいの傾向でやはり印象に残っています。

その背景にあるのが今もずっとお話を伺っていてなるほどなと少し整理できた気がしたのですけれども、歴史社会学的研究や民俗学的研究、もともとの訓詁注釈的研究や比較文学的研究など、『万葉集』だけに限ってもいろいろな研究のアプローチがあることを学生のころは習ったのですけれども、そういう細分化がより進んでいって、『万葉集』をやっていますと言っても話ができないぐらい非常に細分化が進んで深化、深くなってしまったという多様化が進んでしまって、しかも、その中に国際化が入ってきて、単なる比較文化的というのも先ほどご紹介したような中国と日本など東アジアだけではなくて、もう本当に多数の別の地域の文化や文学と比較することもだんだんされていくようになりつつあるのかなというのがあります。

海外に向けて、今までは日本語が通じる所以外は行きたくないとおっしゃっていた先生方がここ5年ぐらい盛んに、いや、もうしょうがないから大学の誰々に言われてイタリアへ行ってきた、アメリカに行かざるを得なくてなど、国文学でずっとやってきた先生方がやはり日本文学という国際社会の中での一つの言語文化の論を立てる必要性が出てきた。そういう感覚があるのかなと、解釈と鑑賞中心だったところがそういう学際的、国際的研究になりつつあるのかなというのがあります。

そういう分野的な、学派的な中には本来思想的な背景があった。でも、私が大学院に進んだ段階ではそういったものをほとんど感じることがなかったので、単なる研究のアプローチ方法として習ったという感じだったのです。実感としてそういう思想背景がなくなっている、もしくは表に出さなくなっているという変化もうねりとしてあるのかなというふうに思います。

あとは、飛鳥にいると考古学の成果や、そういう学際研究が本当に進んでいる気がします。20年前ぐらいから発掘が進んで、今までは文献の中ではああでもない、こうでもないと言われていたのが現物として出てきた。では、もう宮はここに決定ですねということもあり得る。ただ、それが文学表現に立ち戻っていくと「赤駒の腹這ふ田居を都と成しつ」など、ここは湿地帯ではなかった、ずっと歴代の宮があったはずだから、この歌は飛鳥ではなくて藤原京だと考古学の先生はおっしゃる。でも、いや、文学はそれは神様が成し遂げたことだと表現することに意味があるので、現実とぴったり合わせたら意味がない表現になるのですと言っても、そこはうまく伝わらなくて平行線です。学際化する際に、そこはまだまだ今後課題として残っていくのかなというふうに思います。

上野　最新号の『万葉集研究』に京都大学の吉川真司先生、歴史学の先生から約20ページにかけて私の学説に対する批判が載っているのです。こういうことは昔は考えられなかったです。歴史学の先生が国文学の先生の論文に20ページ反論を書くというようなことはなかった。しかし、これはよいことだと思います。学際的な研究も次々に進んでいます。井上さん自身も歌木簡の研究について重要な論文を発表されておられます。

せっかくですので、こちらの先生方は50年単位、僕は30年単位、ここが10年ぐらいの単位だと思いますが、もう大学院を卒業したてで、この研究所に着任した人もこの中でウェーブを感じたということがあると思いますので、突然振って申し訳ないですが、着任1年目の大谷歩研究員(3)、どうぞ前へ出てきて、話してください。先輩たちは大きな波を見ましたけれども、私は今こういう波を感じますよという話をみんなに話してください。どうぞ―。

大谷 突然のご指名で少し動揺しています。

上野 今日は受付だけではないですよ。

大谷 はい。そうですね。

上野 でも、大谷さんは広い意味で東アジアテーブルというグループが多言語に対応する教育を受けられた。なおかつ、比較文学的手法を大学院の段階で取り入れられました。そういう意味で言うと10年を先取りした研究者だと思います。そういうところが買われて着任したと思うのですが、いかがですか。

大谷 私が普段やっていることは、今、上野先生がおっしゃったことよりはもっと小さいサイズだと思っているのですけれども、学会などに行っても私が普段やっている研究とは何か違う世界でものが動いているような感覚が常にしていて、自分と違う世界を見ているかのように感じるところはあります。ですから、何と言ったらいいか難しいですけれども、井上さんが先ほどおっしゃっていた学際的研究や研究の国際化について私は非常に共感するところがあって、その動きと学会の動きが必ずしも一致していないなというのは院生のころから感じていました。

上野　ありがとうございます。今、非常に重要なことを言われました。時代遅れは誰か、時代を先取りした人は誰か。じつは、わからないと思います。遅れていると思われていた方がじつは進んでいたこともありますので。

大谷　もちろんそうです。

上野　どちらが先頭を行っているか分からないわけだから、でも、それは受けた指導の先生がやはりそういうような大きなスケールで指導されていたからだと思います。ありがとうございます。

大谷　すみません。ありがとうございます。

上野　皆さん、拍手で。（拍手）

そこで、残る時間は10分32秒でございます。つまり、過去を振り返って大きなウェーブで見た時に、やはり日本の社会と研究は大きくリンクしている。やはり生産がどんどん増えていく時は物が発展していくというように見えます。そして、そのグラフの延長線が見えました。今年は成長率が10％、来年成長率が10％だったら、ここまで行く。ところが、今、それは見えません。研究が時代の影響を受けているというようなところもあります。そういった中で、万葉古代学というのは広さを求めてこの15年間活動してきたと思うんです。
万葉古代学というのは『万葉集』を中心に歴史学、考古学、当然『万葉集』研究もそうですが、それを総合していく学問を標榜しておるわけですが、万葉古代学研究の未来ということでお話ください。これが最後の発言になると思います。未来への提言も含めて松尾先生のほうから順番に発言してください。松尾先生、お願いします。

松尾 未来のことを語るほど私に先があるのか、研究するのもそろそろ終わりでは、とか思っているのですが。そのなかであえて希望をいえば、個々の研究者が広くものをとらえる構えを持つことですね。実際にはそう簡単にできないと思います。私はかつて岩波・中公などの新書本で技術にかかわることを記した書を、端から読み通しました。例えば漆の話（松田権六著『うるしの話』）や大工道具の話（村松貞次郎著『大工道具の歴史』）などです。あるいは自分で作ったことはないのですが焼き物でも、ともかく何でもすべて読んでおこうと心がけています。内容の理解は十分できないですが、読み取ろうという姿勢だけは持ち続けようと思っています。何事にも関心を持ってアンテナを張り巡らしているような、感度の高い研究者がここから育ってほしい。あるいは、ここの共同研究に携わるなかで、他分野の知識の取得に貪欲な姿勢を持つ研究者になっていただきたいと願っています。

あともう一つは、例えば『万葉集』も『日本書紀』もそうなのですが、『万葉集』を作った側・作者側の研究が多いと思います。私が知らないだけで、そうでもないのでしょうか。『日本書紀』でも作った側がどのような意図でどう作っていったかという研究をしますが、これを読んでいる側・聞かされた側の研究をもっとすべきではないか。

なぜなら、歌を詠むのは聞いている人に伝えたいわけですから、聞いている側がどう受け取るだろうかなどと考えているわけです。同様に書籍を執筆・編纂して提供した側はどう読んで欲しいかと考え、どう読まれるか・読み取られたかと見守っているわけです。ですから、そういう受け取る側の研究も進めていっていただきたいと思っています（この部分は表現不足で、「聞いている側」「受け取る側」というのは「歌が詠まれたまさにその時点にその場にいる聞き手」「書が編纂されてはじめて頒下されたその時の読み手」の意味です）。

上野　それでは、寺川先生、お願いします。

寺川　これは当然のことですが、先ほどもありましたけれども、歴史的研究や民族学的研究、比較文学的研究、いろいろな研究の方法はあるのですが、できることならそういうもの全体を総合できるような研究であれば一番いいのですが、そういうことを願っても能力の問題もあって全部なかなかできない。そういう総合的に『万葉集』を研究していくことと同時に、一方で、これは外国の方の場合はどうなのでしょうか。ほかの文学もやりながら、特に近代の文学をやりながら『万葉集』もやっておられるというような方もあって、『万葉集』だけに凝り固まっていないというか、そこだけを専門にしていない。つまり、近代の文学と『万葉集』を合わせてやることによって、逆に非常に広い視野を持っている。文学をどうとらえるかはともかくとして、文学とは何かという範疇の中でいろいろなものを位置づけながら研究しておられる。

ところが、日本の学者は今言いましたように非常に狭い。『万葉集』の研究者というのは先ほど井上さんの話にもありましたが、人麻呂だけやっています、赤人だけやっていますというようなことで非常に狭いところで専門家になっている。これでいいのかなということもないわけではない。ですから、できることなら両面に目が行くような、ほかの分野についても語れるというようなそういう力を持った人がたくさん出てくるといいなと思っています。

ただ、大学の教育システムそのものがもう既に先ほど言われたように国文学ではなくて日本文学になりながら、必ずしも日本文学全体を考えるような方向には向いていない。少し余計なことを言いますと、日本語日本文学科という名前を私の勤めた学校はかなり早い時期につくったほうだろうと思うのですが、だいたいキリスト教系の学校が中心だったのではないかと思うのです。それは先ほど言われたように、ほかの国の文学の中の一つとして日本文学を考えるという姿勢で、入試案内にそのことを何べんか書くことがあって、私自身は国文学という立場を貫きたいと思っていたので、かなり抵抗感を持ちながらそういうことを書いていた記憶が戻ってきます。

しかし、日本文学と名乗る以上はやはり世界の中の文学の一つとして日本文学全体を見て、その中の一つとして『万葉集』をきちんと位置づけられる研究者になる。あるいは、『万葉集』の研究もそういう方向を目指すべきかと思っています。若い方にそういうことをお願いするわけですから、そのとおりになるかどうかは分かりませんが、そういうことだろうと思います。

上野　お話は、外国人研究者ということだったのですけれども、万葉文化館でドナルド・キーン先生に僕は言ったのです。先生は日本文学がすばらしいと言っているけれども、アメリカの現代文学でいい作品を教えてくださいと食い下がったのです。そうしたら、広く世界の文学を見渡してもアメリカ現代文学は見るところがないですと。なぜないのですかと言ったら、だいたい出てくる人は、麻薬患者や道を外した人など、そんな人の話ばかりですよと。笑ってしまいましたが、広く見渡すとたしかにそうかもしれません。

最後に、まさにこの万葉古代学のメッカのともしびを守る立場にある井上さんに一言、お願いします。

井上 ありがとうございます。この流れで話すと非常に責任が重く感じられてつらいのですけれども、やはり力の足りない私が目指すところは最終的には原点に返ることだと思っております。皆さんのお手元に挟み込ませていただきました、この万葉古代学研究所のパンフレットにその理念が述べられていまして、これは本当に開館当初ですので15年前に発行されたものので、今は研究所というシステムはありませんので配布していないものです。ですから、非常にレアだと思います。

ここに基本方針や設置の理念、万葉古代学とはというのが説明してございまして、今までもお話にありましたように学際的、国際的な『万葉集』研究、総合的な方法で研究を行うことを目指すと書かれています。やはり15年たって改めてこの原点に戻って、そこを目指していく。大学という研究機関などではなかなかそれが難しい側面もあるというのも今日のお話に出ていましたけれども、学会でもそれが難しい場合もあるかもしれないということで、たった3人しか研究員のいない組織ではありますけれども、少しずつでも、あるいは理念を掲げるだけで実態がないと言われても理念を掲げ続けることが大事かというふうに思っているところでございます。

その中では万葉古代学と言った時に、先ほど松尾先生のお話にもありましたけれども、享受史も含まれていると私は理解しております。自分ができるとは言いませんけれども、今日の冒頭にもありました共同研究という大変素晴らしい仕組みが当館では取られておりますので、そういう中でいろいろな違う分野の先生のお話を実際に聞けて、力を寄せ集めることもできる。

いろいろな目を開かれる体験をたくさんできますし、『万葉集』あるいは『古事記』や『日本書紀』や『風土記』や『懐風藻』や、そういった古代の文献が直接今にあるわけではなくて、ずっと時代を経た、それぞれの時代に影響を与えながら、あるいは二次的な産物も作り上げながら今われわれの手元に届いているということを忘れないで、国際的、学際的な研究を目指す。そういうことがたぶん先生方の作っていただいた環境というものを守って、万葉古代学の目指すところなのかなと考えているところです。

上野　本日は雪の中で皆さん大変な時でありましたが、ご来場ありがとうございました。たぶん、百回分のご利益があるでしょう。万葉古代学の昨日、今日、明日というふうに1時間半にわたって、たのしく語り合うことができました。どうもありがとうございました。（拍手）

注

（１）当日配布資料のひとつ。初代館長である中西進氏による「創刊にあたって」『万葉古代学研究所年報』第１号（２００３年３月）

（２）当日配布資料の「共同研究実施一覧」。奈良県立万葉文化館ホームページで公開中。(http://www.manyo.jp/ancient/)

（３）大谷歩氏。現在は追手門学院大学特任助教。

千田　稔（せんだ・みのる）
奈良県立図書情報館館長
『地球儀の社会史　愛しくも、物憂げな球体』（2005，ナカニシヤ出版），『こまやかな文明・日本』（2011，NTT出版），『聖徳太子と斑鳩三寺』（2016，吉川弘文館）。

湯山　賢一（ゆやま・けんいち）
神奈川県立金沢文庫長・東大寺ミュージアム館長
『古文書の研究—料紙論・筆跡論』（2017，青史出版），『古文書料紙論叢』（編著，2017，勉誠出版）。

井上　さやか（いのうえ・さやか）
奈良県立万葉文化館指導研究員
『山部赤人と叙景』（2010，新典社），『万葉集からみる「世界」』（2012，新典社），「記紀神話と欧文挿絵本」（『万葉古代学研究年報』18号，2020.3，奈良県立万葉文化館）。

《執筆者紹介》（掲載順）

寺川　眞知夫（てらかわ・まちお）
同志社女子大学名誉教授
『日本国現報善悪霊異記の研究』（1996，和泉書院），『古事記神話の研究』（2009，塙書房）。

上野　誠（うえの・まこと）
國學院大學文学部日本文学科教授（特別専任）
「高見順の見た折口信夫―「かっこよさ」の秘密―」（『三田文学』第93巻第119号秋季号，2014.11，三田文学会），「『万葉集』の高麗剣と高麗錦と―呼称感覚と表現性をめぐって―」（『萬葉』第230号，2020.9，萬葉学会），「万葉歌の内と外と―大宰府文学圏の点と線―」（『日本文学』第70巻第2号，2021.2，日本文学協会）。

松尾　光（まつお・ひかる）
早稲田大学エクステンションセンター講師
『現代語訳魏志倭人伝』（2014，KADOKAWA），『闘乱の日本古代史　つくられた偉人たち』（2019，花鳥社），『飛鳥奈良時代史の研究』（2021，花鳥社）。

菅谷　文則（すがや・ふみのり）
元奈良県立橿原考古学研究所長
『日本人と鏡』（1991，同朋舎出版），『三蔵法師が行くシルクロード』（2013，新日本出版社）。

田辺　征夫（たなべ・いくお）
（公財）元興寺文化財研究所長
「古代寺院の基壇―切石積基壇と瓦積基壇」（『原始古代社会研究4』1978，校倉書房），『平城京　街とくらし』（1997，東京堂出版），『平城京の時代（古代の都2）』（共編，2010，吉川弘文館）。

坂本　信幸（さかもと・のぶゆき）
高岡市万葉歴史館館長
歌集『雪に恋ふ』（1988，和泉書院），「大伴家持の「虚」」（『大伴家持歌をよむ1（高岡市万葉歴史館論集18）』2018，笠間書院），『万葉歌解』（2020，塙書房）。

大和《やまと》の古代文化《こだいぶんか》

2021年10月26日　初刷発行

編　者　奈良県立万葉文化館
発行者　岡元　学実

発行所　株式会社　新　典　社

〒101－0051　東京都千代田区神田神保町1－44－11
営業部　03－3233－8051　編集部　03－3233－8052
FAX　03－3233－8053　振　替　00170－0－26932

印刷所　惠友印刷㈱　製本所　牧製本印刷㈱

ISBN 978-4-7879-7867-7 C1095
https://shintensha.co.jp/　E-Mail:info@shintensha.co.jp

新典社選書

B6判・並製本・カバー装　＊10％税込総額表示